들을 귀 있는 자는 들으라

This book was first published in the United States by Moody Publishers,
820 N. LaSalle Blvd., Chicago, IL 60610 with the title

God Tells the Man Who Cares

by A. W. Tozer

Copyright ⓒ 1993 by The Moody Bible Institute of Chicago
Translated by permission.
All rights reserved.
This Korean Translation Copyright ⓒ 2017 by Kyujang Publishing Company

이 한국어판의 저작권은 저작권자와 독점 계약한 규장 출판사에 있습니다.
신 저작권법에 의하여 한국 내에서 보호 받는 저작물이므로
무단 전재와 무단 복제를 금합니다.

A. W. 토저 마이티 시리즈(A. W. TOZER Mighty Series)

토저는 교인수의 성장을 위해서라면 대중의 인기에 야합하고, 거대 기업의 경영방식을 무차별 차용하고, 할리우드 엔터테인먼트 방식을 예배에 도입하는 것에 대해 통렬한 비판을 가하였다. 그는 현대의 교회가 물량적 성장을 위해서라면 교회의 순결성을 포기하는 듯한 자세를 보일 때는 그것을 좌시하지 않고 언제나 선지자의 음성을 발하였다. 듣든지 안 듣든지 이스라엘 교회의 세속화를 준열히 책망했던 예레미야처럼, 토저도 시대에 아부하지 않고 하나님교회의 순정성(純正性)을 파수하기 위해 '강력한'(Mighty) 말씀을 선포했다. 그래서 토저는 '이 시대의 선지자'라는 평판을 들었다. 토저가 신앙의 개혁을 위해 외쳤던 뜨겁고 강력한 메시지를 이 시대의 우리도 들어야 한다. 말씀과 성령에 의한 개혁이 절실히 필요한 이때, 규장에서 토저의 강력한(Mighty) 메시지들을 'A. W. 토저 마이티(Mighty) 시리즈'로 출간한다.

"토저의 설교는 설교단에서 발사되어 청중의 마음을 관통하는 레이저 광선과 같다." - 워런 위어스비

GOD TELLS THE MAN
WHO CARES

들을 귀
있는자는
들으라

A. W. 토저

규장

들어가는 글

1부 진정, 듣고자 하는가

1장 살아 말씀하시는 하나님의 음성 • 10
2장 '부재자 하나님'의 시대 • 16
3장 우리의 눈물을 찾으신다 • 22
4장 가만히 있어야 알 수 있다 • 28
5장 삼위 하나님이신 성령 • 38
6장 모든 진리는 그리스도 안에서 조화를 이룬다 • 44

2부 믿음 있는 자, 귀를 열어라

7장 그리스도의 몸, 교회의 가치 • 52
8장 조직화: 그 필요성과 위험성 • 55
9장 교회가 세상을 본받아서는 안 된다 • 63
10장 교회에 들어온 실용주의 • 69
11장 처음 신앙의 향기를 간직하라 • 75
12장 지도자에게 따르는 책임 • 81
13장 연설가인가, 선지자인가 • 87
14장 목회자에게 닥칠 수 있는 위험들 • 93

3부 여전히, 좁은 길을 걷는가

15장 속이는 자와의 전쟁 • 106
16장 지혜롭고 용기 있는 분열 • 111

17장 인위적 분열은 해악이다 · 117
18장 세상에 바쳤던 충성을 거둬들이라 · 123
19장 하나님은 진솔한 기도를 기다리신다 · 129
20장 가장 좋은 것은 가장 얻기 어렵다 · 134
21장 반복 속에서 새로움을 발견하다 · 138

4부 신앙은, 오늘의 선택이다

22장 세상 나라와 그것의 영광 · 146
23장 생명의 원천을 가졌는가 · 152
24장 가식은 영혼의 질병이다 · 157
25장 복음주의에 나타나는 속물적 우월의식 · 163
26장 한여름의 광기 · 169
27장 겸손: 그 진실과 거짓 · 176
28장 침묵의 죄를 깨뜨리자 · 182
29장 올바른 헌금 · 188
30장 진정한 자유에는 울타리가 있다 · 194

5부 사랑할수록, 더 깊이 닮아간다

31장 선언하고 선포하고 증언하라 · 202
32장 선함과 위대함 · 214
33장 용기와 절제 · 220
34장 우리는 우리가 사랑하는 것을 닮아간다 · 228

GOD TELLS THE MAN WHO CARES

들어가는 글

하나님은 시간을 내어 귀를 기울이는 사람에게만 말씀하신다. 그러므로 오직 관심을 갖는 사람만이 지극히 높으신 분과 교감을 나누며, 그분의 은밀한 일들을 배울 수 있다. 또한 이런 사람이 세상의 슬픔을 보고, 세상의 아픔을 느끼며, 형제들의 무거운 짐을 나누어 진다.

하나님 앞에서 살았던 토저는 이를 분명히 깨달았고, 선지자처럼 교회를 향해 외쳤다. 그는 엘리야처럼 열정적으로 하나님의 영광을 구했고, 예레미야처럼 그분의 백성의 배교를 슬퍼했다. 하지만 절망에 빠지지는 않았다.

이 책에 실린 글들은 깊은 관심에서 나온 토저의 메시지이다. 이 메시지는 교회의 약점들을 지적하고 타협을 꾸짖는다. 그리고 경고하고 권면한다. 하지만 동시에 소망의 메시지이기도 하다. 귀를 기울여 순종하는 자들에게 자신의 약속을 이루어주시고 회복시켜주시는, 언제나 성실하신 하나님을 늘 보여주기 때문이다.

아니타 M. 베일리
〈얼라이언스 위트니스〉의 전(前) 편집주간

PART

1

GOD TELLS THE MAN WHO CARES

진정 듣고자 하는가

1
CHAPTER

살아 말씀하시는 하나님의 음성

하나님께서 인간에게 말씀하시기 위해 끊임없이 애쓰신다는 것은 지극히 자명한 사실이다. 그분은 소통을 원하신다. 그분의 거룩한 생각들을 받아들일 수 있는 피조물이 있다면, 그들에게 전해주기 원하신다.

그분의 이런 자기 표현의 욕구 때문에 천지창조가 있었다고 말할 수도 있다. 특히 그분의 이런 욕구 때문에 진리를 듣고 이해할 수 있는 지적이고 도덕적인 존재들이 창조되었다고 말할 수 있다. 이런 존재들 중에서 가장 상위에 있는 존재가 바로 인간인데, 인간은 그분의 형상으로 창조되었기에 한층 더 완전하고 뛰어난 인식 능력을 갖고 있으며, 그분에 대해 알려진 것이라면 무엇이든지 이해할 수 있다. 하나님의 제2 위격(位格)은

'하나님의 말씀'(표현된 하나님의 마음)이라고 불리신다.

침묵하지 않으시는 하나님

하나님이 인간에게 말씀하신다는 것에 대해 상반되는 두 가지 해석이 있는데, 이 둘은 모두 잘못되었다. 그중 한 견해에 의하면, 하나님은 그분의 말씀을 성경에 기록하신 후 아주 긴 침묵에 빠지셨고, 그 침묵은 장차 도래할 만인 심판의 날에 깨진다는 것이다. 그 심판의 날이 오면 옛날처럼 다시 말씀하실 것이지만, 그때까지는 우리가 '방부제 처리된 진리의 미라' 같은 성경에 의지해야 하며, 서기관과 신학자가 그들의 능력껏 우리에게 해석해주어야 한다는 것이다.

세부적인 것들에서 약간씩 차이를 보이지만 복음주의자 대부분이 받아들이는 이 견해는 그리스도인의 신앙에 지극히 해롭다. 그 이유는 이것이 두 가지 잘못된 개념에 근거하기 때문이다. 하나는 하나님이 더 이상 말씀하시지 않는다는 것이며, 다른 하나는 우리가 오직 우리의 지성에 의지해 진리를 깨닫고 이해하도록 만든다는 것이다. 이 견해는 하나님을 저 멀리 계셔서 아무 의사소통도 하지 않으시는 하나님으로 만들어버린다. 그리고 이 견해를 받아들이는 사람들은 일종의 복음주의적 이성주의자가 될 수밖에 없다(이것을 그들이 인정하고 싶어 하든 그렇지 않든 간에). 이 견해에 따를 경우 '인간의 마음'이 진리를 영혼 속에 받아들이는 통로이자 진리의 최종 결정권자가 되어버리기 때문이다.

그러나 감사한 것은 하나님께서 그분의 우주에서 이제까지 침묵하지 않으셨고, 지금도 침묵하지 않고 말씀하신다는 사실이다. 기록된 그분의 말씀이 능력을 발휘하는 유일한 이유는 '살아 있는 말씀'이 하늘에서 말씀하시고, '살아 있는 음성'이 땅에서 울려 퍼지기 때문이다. 성경은 "증언하는 이는 성령이시니 성령은 진리니라 증언하는 이가 셋이니 성령과 물과 피라 또한 이 셋은 합하여 하나이니라"(요일 5:6,7)라고 가르친다.

오늘날의 기독교는 하나님의 창조적 음성이 온 우주에 끊임없이 울려 퍼지고 있다는 진리를 망각하고 있다. 그러나 그분은 그분의 말씀으로 세상을 만드셨고, 지금도 그분의 말씀으로 만물을 붙들고 계시다. 하나님의 심판대 앞에 선 모든 자들에게, 심지어 기록된 말씀을 들어본 적 없는 자들에게까지 유죄 판결이 내려질 수 있는 것은 그들의 마음속에 있는 하나님의 세미한 음성 때문이다.

영원한 사망에 이르게 하는 유일한 죄는 그리스도를 거부한 죄이므로, 복음이 전달되지 않은 지역에 살았던 사람들은 책임을 면하게 된다는 사상은 아주 황당한 오류이다. "세상에 와서 각 사람에게 비추는 빛"(요 1:9)이 있다. 물론 그리스도를 거역한 사람이 그의 죄 가운데 홀로 남아 하나님의 용서의 사랑에서 영원히 분리되는 것은 사실이지만, 인간을 멸망시키는 것은 그리스도를 거부한 죄가 아니라 빛을 거역한 죄이다.

살아 계신 하나님의 마음, 말씀

성경에 의하면, 그리스도께서는 그분의 능력의 말씀으로 만물을 붙들고 계시다. 만물을 붙드는 이 말씀은 온 우주에 힘차게 울려 퍼지는, 능력으로 충만한 하나님의 음성이다. 일부 사람들은 성경이 하나님의 유언장이라고 믿는 것 같은데, 성경은 하나님의 유언장이 아니라 살아 계신 하나님의 마음을 표현한 글이다. 처음에 이 글에 감동을 불어넣은 입김이 다시 이 글에 감동을 불어넣을 때 비로소 이 글이 활동하게 된다.

"과거에 한 번 말씀하신 하나님께서 만인 심판 때까지 침묵하실 것이다"라는 잘못된 견해와 상반되면서도 역시 오류에 빠진 잘못된 견해는 다양한 종류의 자유주의자들의 주장이다. 자유주의자들에 의하면, 하나님께서 우주 안에서 그분의 음성을 들려주시기 때문에 '성령의 감동으로 기록된 정경(正經)' 같은 것은 없다고 한다. 즉, 교리와 생활을 위한 유일한 최종적 근거가 되는 '계시된 진리의 완벽한 체계'를 담은 정경 같은 것은 없다는 것이다. 그들은 이렇게 주장한다.

"하나님이 정경을 주셨다는 개념과 그분이 우주 안에서 음성을 들려 주신다는 개념은 서로 모순된다. 하나님께서 지금도 말씀하고 계시므로 우리는 시인, 철학자, 과학자, 소설가 및 다양한 종류의 열성적 종교인을 통해 주어질 수 있는 더 많은 계시를 받아들이기 위해 마음의 문을 계속 열고 있어야 한다. 새 진리가 발견되거나 새로운 선진 사상이 나오는 곳이라면 어디에서든, 하나님께서는 옛적 선지자나 선견자를 통해 말씀하셨듯이 다시 말씀하신다."

물론 우리는 이렇게 주장하는 사람들이 그들의 생각대로 믿을 수 있는 권리와 그들이 믿는 것을 가르칠 권리를 박탈해서는 안 될 것이다. 그러나 한 가지 움직일 수 없는 사실이 있다. 어떤 이유에서든 간에 '최종적 계시로서의 성경'을 부인하고, 성경만큼 권위 있는 어떤 다른 계시의 계속성을 주장하는 사람은 이미 자신이 그리스도인이 아니라고 선언한 것과 다를 바 없다는 것이다. '그리스도인'이라는 말의 성경적 및 역사적 의미를 고려할 때, 우리는 이런 사람이 그리스도인이 아니라고 말하지 않을 수 없다.

'완결된 정경'이라는 개념과 '계속 말씀하시는 하나님'이라는 개념 사이에는 모순이 없다. 그분은 완전하고 충분한 진리의 체계를 성경에 담으셨다. 거룩한 사람들이 성령의 감동을 받아 말씀을 기록했고, 하나님은 그 말씀이 교리를 가르치고 "책망과 바르게 함과 의로 교육하기에"(딤후 3:16) 적절할 것임을 아셨다.

내 주장의 요점은 만일 하나님의 살아 있는 음성이 세상과 사람들의 마음에서 말씀하고 있지 않다면, '기록된 말씀'이 우리에게 아무 의미가 없게 된다는 것이다. 그분이 그분의 세상에서 말씀하고 계시기 때문에 우리는 그분이 그분의 성경에서 말씀하시는 것을 들을 수 있다.

2 CHAPTER

'부재자 하나님'의 시대

앞을 보지 못했던 말라발(Malaval)이라는 성도는 "지식은 많지만 덕(德)은 거의 없는 사람들, 하나님에 대해서는 종종 말하지만 그분께 말씀 드리는 경우는 거의 없는 사람들, 이런 사람들이 너무 많다"라고 지적했다.

말라발의 이 글은 아주 오래 전에 쓰였다. 이 사람의 지적이 그 시대의 그리스도인들에게 해당되는 것이었는지 아닌지 나로서는 알 수 없다. 그의 말만 우리에게 전해지고 있으니 말이다. 하지만 내가 분명히 말할 수 있는 것은 그의 말이 이 시대의 아주 많은 그리스도인들에게도 들어맞는다는 것이다!

성경은 하나님이 무소부재(無所不在)하시다는 교리를 아주 분명하게 가르치고 있다. 그럼에도 불구하고, 믿음이 있다고 고백하는 그리스도인들에게 있어서 지금 이 시대는 '부재자 하나님'의 시대이다. 대부분의 그리스도인들이 하나님에 대해 말하는 것을 들어보면, '이미 세상을 떠나버린 사랑하는 사람'에 대해 말하듯 하는 경우가 많다. '지금 현재 곁에 있는 분'에 대해 말하듯 하는 경우는 드물다. 더욱이 그분께 말씀 드리는 사람, 즉 기도하는 사람은 더욱 드물다.

하나님의 임재에 대한 오류

'오류'(誤謬)라는 것들이 우리에게 끼치는 해악의 정도가 조금씩 다르다는 점을 고려할 때, 나는 "하나님에 대해 전혀 생각하지 않거나 심지어 하나님이라는 존재를 정면으로 부정하는 것보다는 그분이 외로운 우주의 어떤 외딴 곳에 계시다고 생각하는 것이 그나마 더 낫다"라고 말하고 싶다. 그러나 오류보다 더 좋은 것은 진리이다. 성령의 감동으로 쓰인 성경이 우리에게 있으므로, '하나님의 존재' 같은 중요한 주제에 대해 잘못 생각할 필요는 없다. 진리를 알아야겠다는 의지가 있다면 얼마든지 진리를 알 수 있다.

사실 '부재자 하나님'이라는 개념은 부적절하다. '부재자 하나님'은 인간이라는 존재의 필요를 채워줄 수 없기 때문이다. 아기가 엄마와 떨어져 있으면 만족할 수 없듯이, 태양이 없으면 지구상의 삶이 가능하지 않듯이 인간은 하나님 없이는 만족하거나 건강할 수 없기 때문에 그에게는 '임재하시는 하나님'이 필요하다. 우리가 그분 없이도 잘 살아가는 것이 그분의 본래 뜻이었다면, 그분의 임재를 꼭 필요로 하는 존재로 우리를 만들지 않으셨을 것이다. 그렇다! 성경과 우리의 도덕적 이성은 그분의 임재가 우리에게 반드시 필요하다고 한 목소리로 말한다.

에덴동산에서 아담과 하와는 여호와 하나님의 임재를 피해 나무들 사이에 숨었다. 자신들에게 그분이 필요하다는 사실을 두려움과 당혹감 때문에 일시적으로 망각한 것이다. 하나님 앞에 선 죄인의 마음은 언제나 편하지 않다. 여호와의 명령에 순종하지 않기로 굳게 결심한 요나는 그분의 임재 앞에서 벗어나기 위해 일어나 다시스로 도망갔다. 자신의 개인적 죄를 날카롭게 의식한 베드로는 주님의 면전에서 도망하려고 하지는 않았지만, 주님께서 떠나주시기를 간청했다. 인간은 다른 무엇보다도 하나님을 필요로 하지만, 막상 그분 앞에 서면 편하지 않다. 이것은 죄가 우리 안에 만들어놓은 '도덕적 자기모순의 심리'이다.

잠시 누리는 거짓 평안을 벗으라

'부재자 하나님'을 예배하려는 그리스도인보다 더 논리적인 사람은 확신에 찬 무신론자이다. 무신론자는 그에게 책임을

물을 신이 존재하지 않는다고 믿기 때문에 아무 두려움 없이 도덕적, 종교적 가르침을 무시해 버릴 수 있다. 그의 심리 상태는 경찰관이나 법정이나 감옥이 없다고 스스로를 세뇌시킨 도둑의 심리 상태와 똑같다. 무신론자와 도둑은 잠시 동안은 마음의 평안을 누린다. 적어도 진리와 진실이 드러나 형벌이나 처벌을 받을 때까지는 말이다.

하나님이 존재하시지만 멀리 떨어져 계시기 때문에 우리가 마음을 편하게 가질 수 있다는 개념은 어떤 기독교 교파의 교리 선언에도 나와 있지 않다. 이런 교리를 믿는다고 감히 인정하는 사람이 있다면 경건한 신앙인들은 그를 이단으로 간주하고 기피할 것이다. 그런데 우리 마음속의 믿음을 더 잘 드러내는 것은 우리의 전통적 신조가 아니라 우리의 행동, 특히 우리가 무심코 내뱉는 말이다. 이런 우리의 언행에 근거해 판단할 때 나는 "일반적인 그리스도인들은 그들의 마음을 불편하게 하지 않을 정도로 멀리 떨어진 곳에서 저쪽을 바라보고 계신 하나님을 믿고 있다"라고 말하지 않을 수 없다.

하나님이 지금 여기에 계시지 않다고 믿는 사람들은 완전히 악한 짓이 아니라면 그분이 눈감아주실 것이라고 믿는 것 같다. 이런 잘못된 믿음에 사로잡혀 있기 때문에 그들이 오늘날 기독교계에서 그토록 많은 허튼 짓을 주님의 이름으로 자행하는 것이 아니겠는가? 하나님의 나라를 확장하겠다는 야심으로 불타는 사람들이 도저히 믿을 수 없을 만큼 웃기는 종교적 계획들을 내놓는 일들이 벌어지곤 한다. 만일 그런 계획들이 이 나라의 모든 도시와 마을에서 일반에게 공개된다면, 진지한 사람들은 그 황당함에 경악을 금치 못할 것이다.

구체적 지시를 내려줄 리더도 없고, 하나님은 너무 멀리 계셔서 궁금한 것을 물어볼 수도 없는 현대 개신교도의 어리석음의 한계는 어디까지일까? 그들이 자신의 어리석음을 더 이상 받아들일 수 없을 정도가 바로 그 한계일 것이다! 그런데 현재 나타나고 있는 이런저런 징후들을 볼 때, 그들은 자신의 어리석음을 너무 잘 받아들인다. 그리고 그것에 대한 대가도 톡톡히 치른다!

기독교 사역을 위한 계획을 세우느라 너무 바쁜 사람들은 세상을 복음화하고 교회에서 예배드리는 하나님의 방법이 성경에 나와 있다는 사실이 머리에 떠오르지 않는 모양이다. 하기야 '부재자 하나님'께서 그분의 일을 자기들에게 맡기고 멀리 떠나 버리셨다고 믿는 사람들에게 어찌 그런 생각이 나겠는가?

우리가 생각할 수 있는 아주 심한 경우는 틀에 박힌 것처럼 인습적인 교회들이다. 내가 볼 때, 교회들의 그토록 많은 예배를 견딜 수 없을 만큼 지루하게 만드는 것은 하나님이 이 자리에 계시지 않는다고 믿는 뿌리 깊은 생각이다. 참된 그리스도인들이 임재하시는 그리스도를 중심에 모인다면, 그 집회가 형편없는 모임으로 전락하는 것은 거의 불가능하다. 그분의 달콤한 향기가 집회 장소를 가득 채운다면 아무리 재미없는 설교라 할지라도 즐겁게 견뎌낼 수 있겠지만, '부재자 하나님'의 이름으로 모인 곳에서는 그 무엇도 그 모임을 구할 수 없다.

3
CHAPTER

우리의 눈물을 찾으신다

성경은 눈물로 쓰였기 때문에 최고의 보물을 눈물에게 선사한다. 하나님께서 경박한 사람에게 주실 말씀은 없다.

산 위에서 하나님께 말씀을 받았던 사람은 떨고 있는 모세였다. 훗날 하나님 앞에 엎드려 "이제 그들의 죄를 사하시옵소서 그렇지 아니하시오면 원하건대 주께서 기록하신 책에서 내 이름을 지워 버려 주옵소서"(출 32:32)라고 간구함으로 이스라엘 민족을 구한 사람도 바로 모세였다.

가브리엘 천사가 하늘에서 내려와 수 세기(世紀) 후의 비밀을 알려준 것은 다니엘이 오랫동안 금식하며 기도했을 때였다. '사랑 받는 자 요한'은 일곱 봉인된 책을 펴볼 자격이 있는 자가 보이지 않아서 통곡했는데, 바로 그때 장로 중 한 사람이

유다 지파의 사자가 승리하셨다는 기쁜 소식으로 그를 위로해 주었다.

시편 기자들은 종종 눈물로 시편을 썼고, 선지자들은 그들의 무거운 마음을 좀처럼 감출 수 없었다. 빌립보의 교인들에게 보낸 사도 바울의 편지는 기쁨으로 가득 차 있지만, 십자가의 원수가 되어 멸망으로 달려가는 많은 이들을 생각하는 대목에서는 그도 눈물을 터뜨렸다.

세상을 흔들어놓은 위대한 기독교 지도자들의 공통점은 슬픔의 사람이었다는 것이다. 세상을 위한 그들의 복음 증거는 그들의 무거운 마음에서 샘솟듯 솟아나왔다. 물론 눈물 자체에 능력이 있는 것은 아니지만, 장자(長子)들의 교회에서는 눈물과 능력이 언제나 깊이 결부되어 있었다.

눈물을 잃어버린 교회

이처럼 선지자들은 슬픔과 괴로움 가운데 글을 썼다. 하지만 세상의 고통과 재앙을 보고도 눈물 한 방울 흘린 적 없는 사람들이 단지 호기심에 이끌려 그들의 글을 열심히 연구한다는 것을 생각할 때 내 마음은 편치 않다. 이런 사람들은 미래에 어떤 사건들이 언제 일어날지에 대해 꼬치꼬치 캐고 싶은 호기심으로 충만하지만, 성경 예언의 근본 목적에 대해서는 망각한 자들 같다. 성경 예언의 근본 목적은 미래에 대비해 우리를 도덕적으로, 영적으로 준비시키는 것이다!

현재 그리스도의 재림 교리는 적어도 북미 대륙에서는 일종의 방치 상태에 빠져 있다고 볼 수 있다. 내가 볼 때, 이 교리는 성경을 믿는 평신도들에게 전혀 영향을 주지 못하고 있다. 상황이 이렇게 되도록 만든 원인들이 몇 가지 있겠지만, 가장 주된 원인은 1차 세계대전과 2차 세계대전 사이의 기간에 이 진리에 불행한 일이 일어났기 때문이다. 그 일은 눈물 한 방울 흘리지 않는 일부 사람들이 눈물로 얼룩진 선지자들의 글을 사람들에게 가르치겠다고 나선 것이었다.

그들의 예언 강해를 듣기 위해 엄청난 군중이 모이고 막대한 헌금이 거두어졌지만, 그 후 진행된 역사적 사건들은 그들이 너무나 많은 점에서 오류를 범했음을 증명해 버렸다. 그러자 반발이 일어나기 시작했고, 사람들은 예언이라면 질색하게 되었다. 이것은 마귀의 고도의 속임수였다. 그리고 그의 전략은 적중했다. 우리는 여기서 거룩한 것들을 성실하지 못한 자세로 다루면 반드시 엄청난 대가를 지불할 수밖에 없다는 교훈을 배워야 한다.

눈물 없는 사람들이 우리에게 끼친 말로 다할 수 없는 해악은 또 있다. 바로 신유에 대한 부분이다. 물론, 병자들이 하나님의 뜻 안에서 고침받도록 기도해주는 것을 자신의 성스러운 의무로 여겼던 진지하고 경건한 사람들이 이제까지 늘 있어온 것도 사실이다. 스펄전이 기도로 일으켜 세운 사람의 수가 런던 최고의 의사에게 치료받고 회복된 사람의 수보다 많았다고 한다. 그러나 신유의 교리가 눈물 없이, 소위 '신유 사업'을 하는 자들의 손에 들어가게 된 경우에는 아주 짭짤한 돈벌이 수단으로 전락했다. 번지르르한 말로 사람들을 잘 설득하는 자들은 신유집회를 이용해 큰돈을 벌기 위해 고단수의 세일즈맨 수법을 사용했다. 그들이 소유한 대목장과 그들의 대규모 금융투자는 병들어 고생하는 사람들의 호주머니에서 돈을 빼내 가는 그들의 작전이 얼마나 성공했는지를 잘 말해준다. 더욱 유감스러운 것은 이런 짓이 머리 둘 곳이 없으셨던(마 8:20) '슬픔의 사람'의 이름으로 자행되었다는 것이다!

진심이 담기지 않은 채 행해지는 모든 것들은 겉으로 보기에는 아무리 성경적인 것 같아도 실상은 어둠 속에서 행해지는 것이다. 종교를 가지고 장난치는 사람들의 마음은 그들이 만지작거리는 진리의 너무나 밝은 빛에 의해 결국 파괴될 것이다(이것이 정당한 보응의 법칙이다). 눈물 없는 눈은 그것이 쳐다보는 빛에 의해 결국 실명하게 될 것이다.

하나님은 회개와 겸손과 눈물을 찾으신다

의식(儀式)을 그리 중요하게 여기지 않는 교파에 속한 우리 같은 사람들은, 사전에 꼼꼼하게 계획된 순서에 따라 예배를 진행하는 교회들을 어느 정도 무시하려는 경향이 있다. 물론, 그런 예배에는 참석자들에게 거의 의미 없는 것들이 많이 포함되어 있는 것이 사실이다(이것은 그런 예배의 순서가 사전에 계획되었기 때문이 아니라 참석자들이 그렇고 그런 수준에 머물러 있기 때문이다).

그러나 내가 관찰해본 바에 의하면, 우리에게 친숙한 즉흥적 예배는 예배 진행자가 예배 시작 20분 전에 만들어낸 예배순서에 의해 진행된다. 참신한 맛도 없고 매끄럽지도 못한 패턴이 반복된다는 면에서 이런 예배는 가톨릭의 틀에 박힌 미사와 별다를 것이 없다. 특정 형식을 정해 놓고 진행되는 예배는 그나마 매끄럽기라도 하지만, 우리의 예배는 투박하기 그지없다. 저들의 예배는 미적 감각을 최대한 살리고 예배자들의 경건한 감정을 이끌어내기 위해 여러 세기에 걸쳐 세심하게 다듬어진 것이지만, 우리의 예배는 종종 즉흥적으로 만들어낸 임기응변식 순서에 의해 진행되기 때문에 별로 내세울 게 없다. 우리의 예배에서 발견된다는 소위 '자유'라는 것은 자유가 아니라 '지저분함'이다.

이런 예배를 옹호하는 사람들은 "예배의 진행이 사전에 계획되지 않는다면 성령께서 자유롭게 일하실 것이다"라는 논리를 편다. 물론 모든 예배 참석자들이 경건하고 성령충만하다면 이런 논리가 맞겠지만, 유감스럽게도 사전 계획이 없는 예배에는 대개 질서정연한 진행도 없고 성령의 일하심도 없다. 그런 예배에 있는 것은 판에 박힌 기도와 찬송가 몇 곡뿐이다. 판에 박힌 기도는 아주 조금씩 바뀌는 미세한 부분들을 빼면 매주 똑같다. 그리고 그런 예배 시간에 부르는 찬송가들은 본래 그렇게 좋은 곡이라고 할 수 없는 데다가, 그나마 무의미한 반복으로 인해 이미 오래 전에 그 의미를 상실한 곡들이다.

우리의 대부분의 집회들에서는 경외심을 찾아보기 힘들고, 몸(교회)의 연합에 대한 인식이 없으며, 하나님의 임재를 느끼는 마음도 거의 없다. 차분한 순간도, 엄숙함도, 경이감(驚異感)도, 거룩한 두려움도 없다. 대신 아주 종종 눈에 보이는 것은 어색한 농담을 자꾸 던지는 찬송가 인도자인데, 이 사람은 따분하거나 격식을 너무 파괴하는 경향을 보인다. 또 우리의 집회에서 자주 볼 수 있는 것은 찬송가 한 장의 노래가 끝나면 그 다음 곡을 득달같이 알려주는 사회자이다. 사회자의 이런 모습은 끊임없이 말을 쏟아내는 옛날 라디오 프로그램 진행자를 연상시키는데, 그가 이렇게 하는 이유는 예배가 매끄럽게 진행된다는 인상을 주기 위함이다.

지금 우리 모든 그리스도인들에게 절박하게 필요한 것은 이런 것들이 아니라 회개와 겸손과 눈물을 다시 찾는 일이다. 하나님께서 이 일들을 하루 속히 허락하시기를, 나는 간절히 바란다.

CHAPTER 4

가만히 있어야
알 수 있다

"너희는 가만히 있어 내가 하나님 됨을 알지어다"(시 46:10).
우리 조상들은 '가만히 있음'에 대해 할 말이 많았다. 그들에게 있어 '가만히 있음'이라는 것은 움직임이 없거나 소리가 없는 것, 또는 두 가지 모두를 의미했다.

그들은 하루 중 적어도 얼마 동안은 가만히 있어야 한다고 느꼈으며, 그렇지 못한 날은 헛되이 보낸 날이라고 여겼다. 물론 하나님께서 그분의 섭리 가운데에서 당분간 우리를 소란스러운 세상에 두신다면 세상의 소란스러움 속에서도 그분을 알 수 있겠지만, 우리는 역시 침묵 속에서 그분을 가장 잘 알 수 있다.

이것이 우리 조상의 믿음이었고, 성경의 가르침이다. 또한 우리의 내적 확신도 '가만히 있음'에서 나오기에 우리에게는 가만히 있어 귀를 기울이는 자세가 필요하다.

소음이 넘치는 사회

이런 '가만히 있음'이 오늘날보다 더 많이 요구되었던 시기는 세계 역사에서 거의 없었던 것 같다. 역사적으로 볼 때, 지금 이 시대가 이런 '가만히 있음'이 가물에 콩 나듯 가장 찾아보기 힘든 시대인 것은 분명하다.

그리스도는 만인에게 동시대인(同時代人)이시기 때문에, 미친 듯이 활동에 몰입하고 시끄러운 기계음으로 충만한 이 시대에도 그분의 임재와 능력은 확실히 우리의 것이 될 수 있다. 그것들이 조용한 갈릴리 호수의 어부들이나 유대 광야의 목자들의 것이 될 수 있었던 것처럼 말이다. 다만 그렇게 되려면 우리가 그분의 음성을 들을 수 있을 만큼 가만히 있어야 하고, 그분의 음성을 믿고 그 음성에 순종할 수 있어야 한다.

물론 현대 사회의 소음 속에서도 우리는 공학자, 과학자 또는 건축가가 될 수 있고, 단조롭게 반복되는 일상생활 속에서도 제트 비행기를 날게 하는 방법이나 백화점을 운영하는 법을 배울 수도 있다. 스포츠 경기에서 우승하거나, 오케스트라를 지휘하거나, 학위를 받거나, 공직자로 선출될 수도 있다. 문명사회를 그대로 받아들이고 그것에 적응하면 이런 것들이 얼마든지 가능해진다.

그렇게 되면 우리의 마음은 이 시대의 영향을 받아 형성될 것이며, 그렇게 우리는 이 시대의 자녀들이 될 것이다. 주위 환경에 맞추느라 복잡한 스텝을 밟으며 춤을 추게 될 때 소음은 사실 우리의 발걸음을 원활하게 해주기도 하며, 어디로 가는지조차 모르면서 단지 큰 음악소리를 따라 대중과 함께 행진하게 될 때는 큰 음악소리가 우리로 대중과 보조를 맞추게 하고, 걸음걸이에 약간의 즐거움도 더해줄 지 모른다.

이런 것들은 모두 인간들이 할 수 있는 것이고, 또 실제로 하고 있는 것이다. 그러나 과학에 기초한 철학의 정당성이나 수소폭탄을 만들어낸 문명의 건전성에 대해 의문을 품어보라. 특히 '혹시라도 하나님을 발견할 수 있지 않을까' 하는 마음으로 그분을 더듬어 찾아보라.

그러면 이상하고 놀라운 사실에 직면하게 될 것이다. 즉 우리 존재의 태고의 근원이신 분께 가까이 갈수록 우리가 더 이상 학식 있는 자거나 무식한 자도 아니고, 현대적인 사람이거나 구식인 사람도 아니며, 상스러운 사람이거나 세련된 사람도 아니라는 것을 깨닫게 될 것이다.

저 경이로우신 분 앞에서는 우리가 그저 '인간'일 뿐이라는 사실이 명백히 드러나며, 그로 인해 인위적인 구별들은 사라지고 만다. 수천 년의 교육이 한순간에 사라지고, 우리는 아담과 하와, 그리고 가인과 아벨이 타락 이후에 서 있던 곳에 다시 서게 된다. 그곳은 에덴동산 밖이요, 법을 어겼다는 공포심에서 벗어나려고 발버둥치던 그들이 완전히 망한 자로서 두려움에 가득 차 서 있던 곳이다.

그곳에서는, 즉 떨고 있는 죄인에게 주어진 최후 심판의 자리처럼 생생하게 다가오는 그 자리에서는 현대의 종교적 잔재주들이 아무런 도움이 되지 않고, 용의주도하게 만들어낸 이런저런 방법들도 전혀 통하지 않는다. 시끄러운 소리만 내는 잡다한 신식 도구와 소품들에 둘러싸인 '문명화된 인간'은 마음속으로 소위 '진보'했다고 불리는 수 세기를 거슬러 올라가 두려움에 빠져 훌쩍이며 필사적으로 구주를 원하게 될 것이다.

그러므로 단지 죄인이 편하게 느끼게 하려고 공통의 대화주제를 찾아 시사적인 것이나 공통의 관심사를 언급하는 전도방법은 바알의 제단에서 제사를 드리는 것만큼이나 잘못된 방법이다. 죄인이 당혹감이나 죄책감을 전혀 느끼지 않고 편하게 하나님 앞으로 나오도록 만들려는 방법은 차라리 사용하지 않는 것이 더 좋다. 전도 대상자의 영혼에 해롭고 위험하기 때문이다.

타협은 전략이 될 수 없다

오늘날 유행하는 착각들 중 하나, 즉 복음주의 진영으로 하여금 요란스러운 종교적 활동에 몰두하게 만드는 일은 시대가 변함에 따라 교회도 변해야 한다는 생각에 따른 것이다. 이런 착각에 빠진 사람들은 그리스도인들이 사람들의 요구에 부응해 여러 가지를 자꾸 바꾸어야 한다고 믿는다. 시대와의 타협을 옹호하는 자들은 이렇게 말한다.

"사람들이 10분짜리 설교를 원한다면 10분짜리 설교를 해주어라. 진리를 캡슐 형태로 원한다면 캡슐 형태로 만들어주어라. 영상매체를 통해 전달되는 메시지를 원한다면 영상매체를 많이 사용하라. 재미있는 이야기를 듣기 원한다면 그런 이야기를 들려주어라. 드라마를 통해 종교적 교훈을 얻기 원한다면 그렇게 해주어라. 그들이 원하는 대로 해주어라. 메시지는 동일해야 하지만, 방법은 바뀔 수 있다."

고대 그리스인들은 "신(神)들은 그들이 파멸시키기 원하는 자들을 미치게 만든다"라고 말했는데, 그들이 참으로 지혜로웠던 것 같다. 소돔을 예루살렘으로 착각하고, 할리우드를 '거룩한 도성(都城)'으로 착각하는 정신 상태는 거의 구제불능이다. "이런 정신 상태는 스스로가 그리스도인이라 고백하면서도 하나님의 영을 욕되게 하는 사람들 위에 떨어지는 그분의 형벌을 받음으로 생긴 광기(狂氣)이다"라는 말 외에 다른 방법으로는 이런 상태를 도저히 설명할 수 없다.

"여호와께서 이르시되 가서 이 백성에게 이르기를 너희가 들기는 들어도 깨닫지 못할 것이요 보기는 보아도 알지 못하리라 하여 이 백성의 마음을 둔하게 하며 그들의 귀가 막히고 그들의 눈이 감기게 하라 염려하건대 그들이 눈으로 보고 귀로 듣고 마음으로 깨닫고 다시 돌아와 고침을 받을까 하노라 하시기로"(사 6:9,10).

일부 진지한 사람들은 나름대로 깊이 생각한 후에 다음과 같이 말할지 모르겠다.

"기계화된 세상에서 '가만히 있음'이라는 것이 어차피 불가능하다면, 우리는 이런 세상에 적응해서 살아가는 법을 배워야 한다. 다윗이 그의 양 떼를 끌고 갔던 잔잔한 물가와 조용한 푸른 초장은 이제 우리에게 주어지기가 어렵다. 무한경쟁으로 내몰리는 현대 문명사회의 극심한 소음 속에서는 세미한 하나님의 음성을 들을 수 없다. 그렇기에 우리는 지진과 폭풍우 속에서도 그분의 음성을 들을 수 있는 법을 배워야 한다.

어차피 현대의 전도 방법이 시끄러운 이 시대를 살아가는 사람들의 복잡한 마음과 생활을 전제해서 마련된 것이므로 그 방법을 따르는 것도 괜찮을 듯하다. '내가 여러 사람에게 여러 모습이 된 것은 아무쪼록 몇 사람이라도 구원하고자 함이니'(고전 9:22)라고 말한 사도 바울의 방법처럼 이 방법도 나름대로 성실한 노력이 아니겠는가?"

이렇게 말하는 사람들에게 나는 외부적 조건들이 아무리 바

뛸지라도 인간의 영혼은 근본적으로 바뀌지 않는다고 대답해 주고 싶다. 오두막에 사는 원주민, 서재에 틀어박혀 있는 대학 교수, 도시의 교통 체증에 시달리는 트럭 운전수와 같은 사람들 모두에게 근본적으로 필요한 것은 죄의 짐을 벗어버리고, 영생을 얻으며, 하나님과 교제하는 것이다.

진정한 변화는 표면이 아닌 심연에서

사실 문명사회의 시끄러운 소리와 활동들은 표면적 현상에 불과하다. 즉, 인류의 표피에 생긴 일시적인 발진(發疹) 같은 것이다. 그러므로 문명사회의 시끄러운 소리와 활동들에 건전한 가치를 부여하고, 그것들과 종교를 조화시키려는 시도는 우리의 상상을 초월할 정도로 큰 도덕적 잘못을 범하는 것이다. '문명'이라 불리는 '정신없이 바쁘게 돌아가는 화려한 쇼(show)'가 비극과 영원한 슬픔으로 끝난 후 오랜 시간이 흐르고 나면, 우리는 이 크나큰 도덕적 실수에 대해 대가를 지불하게 될 것이다.

일부 기독교 선생들은 진정한 그리스도인의 체험이 인간의 마음 안에서 일어난다는 것을 깨닫지 못하고 있다. 진정한 그리스도인의 체험은 수시로 변하는 표피적인 것들 아래에서, 그 속 깊숙한 곳에서 일어난다! 시끄러운 소리와 외부적인 자극들에 반응하는 것은 오직 표피뿐이다. 인간의 깊은 부분은 태고의 침묵 속에서, 소생케 하는 말씀이 임해 두 번째 출생을 선물해주길 기다리고 있다.

인간의 깊은 곳에 있는 영혼이 하나님에게서 단절되어 있기 때문에 인간의 생명 전체가 망가져 버렸고, 그 결과 육신적 본능과 인간의 임의적(任意的) 생각이 주도권을 잡고서 개인의 사고와 의지와 행동, 그리고 인류 사회를 이끌어 나간다. 육신적 본능과 인간의 임의적 생각은 '죽음의 무도회'라고 할 수 있는 섬뜩한 무도회를 만들어냈는데, 사람들은 이것을 '사회'라고 부르면서 자연인으로서 그 속에서 살아가고 있다.

대중적인 기독교는 신약의 신학 언어들을 앵무새처럼 반복하고, 세상이 그려주는 자신의 모습을 그대로 받아들이며, 세상의 방법들을 열심히 따라 한다(물론, 세상조차 잘못된 것이라고 지적하는 몇 가지 악한 짓들은 따라하지 않는다). 대중적인 기독교가 제시하는 그리스도는 액세서리 같은 존재요, '저 위에 계신 친구'요, 소란과 떠드는 소리가 다 사라져서 놀이터를 떠나 잠자러 가야 할 때를 대비해 붙들고 있어야 할 보증인일 뿐이다.

깊은 것이 깊은 것에게

우리가 반드시 기억해야 할 것은 본질적 사실들이 변하지 않았다는 것이다. 인간은 여전히 과거의 인간 그대로이고, 인자

(人子)는 과거의 그분이시며 과거의 그 존재이시다. 그분은 우리 안에 있는 '영원한 것'에게 소리치신다. 깊은 것이 깊은 것에게 소리치는데, 그 외침의 소리를 듣는 것은 우리 안에 있는 '하나님의 형상대로 만들어진 인간 본연의 것'이다. 그 소리를 듣는 것은 야만적인 것도 아니고 문명화된 것도 아니다. 늙은 것도 아니고 젊은 것도 아니다. 서양적인 것도 아니고 동양적인 것도 아니다.

"가만히 있어라"라고 가르치는 시편이 역설적이게도 소음과 소란으로 가득 차 있다는 것은 의미심장한 사실이다. 시편에서는 땅이 흔들리고, 바다가 큰 소리를 내며 거세게 출렁이며, 산이 바다 한가운데로 곤두박질할 것 같고, 열국이 날뛰고, 왕국들이 옮겨지고, 전쟁의 소리가 온 땅에 가득하다. 이런 와중에 침묵 속에서 말씀이 들린다.

"너희는 가만히 있어 내가 하나님 됨을 알지어다"(시 46:10).

그러므로 오늘날 우리는 우리의 내면의 귀에 하나님의 말씀이 들릴 때까지 귀를 기울여야 한다. 그분의 음성이 들릴 때, 그것은 신경이 곤두선 이 세상의 흥분된 외침 같은 것이 아닐 것이다. 그것은 "그는 외치지 아니하며 목소리를 높이지 아니하며 그 소리를 거리에 들리게 하지 아니하며"(사 42:2)라는 예언의 주인공이신 분의 입에서 나오는 '평안을 주는 부름의 소리'일 것이다.

우리를 부르시는 그분의 음성을 길거리에서 들을 수는 없지만, 우리의 마음으로 아주 분명히 듣는 것은 가능하다. 어차피 우리의 마음이 들으면 되는 것 아닌가?

5
CHAPTER

삼위 하나님이신 성령

오늘날 복음주의적 그리스도인들이 계속적으로 성령을 소홀히 여기는 현상은 부인할 수 없을 정도로 분명하다. 그러나 이는 어떤 이유로도 정당화될 수 없다.

복음주의 기독교는 삼위일체 하나님을 믿는다. "성부와 성자와 성령을 찬양하라!"라는 찬송은 연중 매주일 거의 모든 교회에서 울려 퍼진다. 이런 찬송을 부르는 사람은 스스로 의식하든 의식하지 못하든 성령께서 성부와 성자와 동등한 자격으로 경배를 받으실 권리가 있는 하나님이시라는 것을 인정하는 것이다. 그러나 예배의 시작 때나 시작 직후에 이런 찬송을 부른 후에는 예배 끝의 축도 때까지 성령에 대한 언급을 거의 듣지 못하게 된다. 그 이유는 무엇일까?

우리가 놓치고 있는 성령의 위치

이 질문에 대한 대답이 단 하나만 있는 것은 아니다. 대체적으로 말해서, 역사적 교회도 우리보다 크게 나을 것이 없다. 사도신경은 "성령을 믿사오며"라는 말로 성령에 대해 가볍게 언급하고 만다. 다른 여러 고대 신경들도 사도신경처럼 이렇게 한 문장으로 그분에 대해 언급하고 만다. 하지만 니케아신경(제1차 니케아공의회에서 A.D. 325년에 채택한 신앙고백)은 이것들보다는 조금 더 길게 다음과 같이 언급한다.

"주님이시며 생명을 주시는 분 성령을 믿사오니, 성령은 아버지에게서 나오시고, 아버지와 아들과 함께 경배와 영광을 받으시며, 선지자들을 통해 말씀하셨다."

모든 신경들 중에서 가장 완벽하고 가장 명료하다고 할 수 있는 아타나시우스 신경(삼위일체 교리와 기독론에 초점을 맞춘 신경으로서 6세기 이후로 사용되어 왔다)은 성령의 완전한 신성을 인정한다. 하지만 성부와 성자에 관한 올바른 진리에 대해서는 상당한 지면을 할애한 반면, 성령에 대해서는 "아버지와 아들에게서 나오시는 성령은 만들어지지 않고 창조되지 않고 태어나지 않으시고 나오신다"라고 언급하고 만다. 고대 기독교 찬송가 중 가장 유명하고 아름다운 찬송가 '테 데움 라우다무스'(Te Deum Laudamus)는 아버지와 아들에 대해서는 길게 찬양하지만, 성령에 대해서는 "또한 보혜사 성령"이라고만 표현

한다.

　신약성경에서 성령에 대해 그토록 많이 언급하지만, 당연히 신약에 근거해 만들어져야 할 것으로 추정되는 기독교 문헌과 찬송가들에서 그분이 그토록 적게 언급되는 것은 정말 이상하지 않은가? 한 예로, 교부 중 한 사람이 3세기에 쓴 삼위일체에 대한 책을 보면 140페이지 중 단 6페이지만을 성령에게 할애한다. 그리고 성령의 신성을 변호하면서도, 성령에 대해서보다 성부와 성자에 대해서 20배 많이 언급하는 것을 볼 수 있다.

　내가 볼 때, 신약이 성령보다는 성자에 대해 더 많이 언급한다고 말하는 것은 틀린 말이 아니다. 그러나 이런 불균형은 내가 조금 전에 언급한 기독교 문헌과 찬송가들에서 나타나는 불균형보다는 덜 심한 것이다.

　그리고 분명한 것은 현대 기독교에서 성령에 대해 거의 등한시하는 일이 성경에 의해 정당화될 수는 없다는 것이다. 성령은 성경의 첫 번째 책의 두 번째 절에 등장하시며, 성경의 마지막 책의 마지막 장(章)에 나타나신다. 그리고 이 둘 사이에서 수백 번 나타나신다.

　그러나 가장 중요한 것은 성경이나 기타의 문헌에서 성령이 몇 번 언급되느냐 하는 것이 아니라, 그분이 언급될 때 얼마나 중요하게 다루어지느냐 하는 것이다. 성경이 그분께 부여하는 지위와 그분이 대중적인 복음주의 기독교에서 차지하시는 위치 사이에는 큰 차이가 있다.

성경에서 그분은 절대적으로 필요한 분으로 나타나시며, 능력 가운데 창조적으로 일하신다. 그러나 우리에게 있어서 그분은 '시적(詩的) 갈망'에 불과하며 기껏해야 '자애로운 영향력'일 뿐이다. 성경에서 그분은 하나님의 모든 속성들을 소유한 분으로 위엄 가운데 행하시지만, 우리에게 있어서 그분은 호의(好意)가 담긴 부드러운 감정에 불과하시다.

하나님이 인정하시는 유일한 능력

성경에 의하면, 하나님께서 이루신 창조와 속량의 모든 부분은 그분의 영에 의해 이루어졌다. 하나님이 세상을 창조하실 때 성령은 세상 위에 내려덮이셨다. 창조의 순간에도 그분이 반드시 계셔야 했다.

생명을 주시는 성령의 사역은 성경 전체에서 나타난다. 성육신의 신비가 일어날 수 있었던 것도 성령이 '생명의 주님'이시며 '생명을 주는 분'이시기 때문에 가능했다. 성경은 "천사가 대답하여 이르되 성령이 네게 임하시고 지극히 높으신 이의 능력이 너를 덮으시리니 이러므로 나실 바 거룩한 이는 하나님의 아들이라 일컬어지리라"(눅 1:35)라고 말한다.

우리 주님께서 '참 하나님에게서 오신 참 하나님'이시지만, 그럼에도 성령의 기름부음을 받으신 후에 비로소 일을 시작하셨다는 것은 매우 의미심장한 사실이다(참조, 행 10:38). 성자께서 그분의 사랑의 일을 행하실 때에는 '성령의 기름부음을 받은 인간'으로서 하셨다. 그분의 능력은 능력의 성령으로부터 나왔다.

사도행전의 제목을 '성령행전'이라고 바꾸면 더 좋을 것이라는 제안도 일각에서 제기되는데, 나름 의미 있는 얘기이다. 사도행전에 나오는 주님의 일꾼들이 성령충만하지 못했다면 사도행전에 기록된 그들의 기적들 중 단 하나도 행하지 못했을 것이다. 주님께서는 그들 자신의 힘으로 일해서는 안 된다고 특별히 강조하시기 위해 "너희는 위로부터 능력으로 입혀질 때까지 이 성에 머물라"(눅 24:49)라고 말씀하셨다.

하나님께서 그분의 교회 안에서 인정하시는 유일한 능력은 성령의 능력이지만, 오늘날 대다수의 복음주의자들이 실제로 인정하는 유일한 능력은 사람의 능력이다. 하나님은 성령의 활동을 통해 그분의 일을 하시지만, 기독교 지도자들은 훈련된 지성을 집중적으로 투자해 일하려고 한다. 그들의 경우, 인간의 머리가 하나님이 주시는 감동을 대신한다.

사람들이 그들의 힘과 능력으로 이룬 모든 것들은 오직 이 세상에서만 의미가 있을 뿐, 그 안에 영원한 가치는 없다. 영원한 성령을 통해서 이루어진 것만이 영원히 사라지지 않는다. 그 밖의 모든 것은 "나무나 풀이나 짚"(고전 3:12)일 뿐이다.

혹 우리 중에 스스로를 대단한 복음주의 지도자라고 여기는 사람이 있는가? 그렇다면 그 사람은 자신이 결국 '짚을 열심히 수확한 사람'으로 드러날 수도 있다는 준엄한 사실을 깊이 생각해보아야 할 것이다.

6
CHAPTER

모든 진리는 그리스도 안에서 조화를 이룬다

　모든 진리는 하나이다. 성경에 계시된 많은 진리들은 이 한 가지 진리의 다양한 측면들에 불과하다.
　그리스도를 따르는 사람들은 모든 진리들, 즉 진리 하나 하나를 전부 받아들여야 한다. 그는 하나님의 진리를 향해 마음의 문을 열어야 하며, 일단 마음이 열리면 어떤 진리도 거부하지 않고 모든 진리들을 기꺼이 받아들여야 한다. 하나의 진리가 다른 진리와 모순되는 것처럼 보일 때, 지혜로운 그리스도인은 이 두 가지 중 하나를 선택하지 않고 그리스도의 날을 기다릴 것이다. 모순으로 보이는 것이라도 그날에는 다 해결될 것이기 때문이다.

극과 극의 사람들

사람들이 사고하고 또 그 사고를 표현할 때에는 언제나 두 가지 유형의 사고방식이 드러난다. 그것은 과학적 사고방식과 시적(詩的) 사고방식이다. 물론 나는 모든 사람들이 과학자이거나 시인이라는 뜻으로 말하는 것은 아니다. 내 말은 시인 같은 생각의 틀이 뚜렷이 나타나는 사람들이 있고, 또 과학에 소질이 많은 사람들이 있다는 것이다. 후자는 시를 쓰지 않을 것이며, 전자는 과학연구에 몰두하지 않을 것이다. 자기의 소질에 맞지 않기 때문이다.

과학자는 차이점에 주목하고, 시인은 유사성에 관심을 갖는다. 시인은 모래 알갱이 안에서 세계를 보고, 과학자는 이 세상의 모래 알갱이가 얼마나 되는지 그 수(數)와 구성에 더 관심을 보일 것이다. 그런데 이런 차이가 사람들 간에도 존재하지만 한 사람의 내면에도 존재한다고 나는 믿는다. 우리 각 사람 안에는 과학자의 기질과 시인의 기질이 둘 다 어느 정도 있으며, 그중 하나가 더 우세해져서 다른 하나를 몰아내게 된다. 그리하여 결국 우리는 분석에 몰두하는 사람이 되든지 아니면 분석을 할 수 없는 사람이 된다. 즉, 완전히 과학자가 되든지 아니면 완전히 시인이 되어버리는 것이다. 이런 과학자나 시인은 '반쪽짜리 인간'이다.

그런데 불행하게도 사람들 사이에서 나타나고 또 각 사람의 내면에서도 나타나는 이런 과학자적 성향과 시인적 성향의 충돌은 종교의 영역에서도 나타난다. 그리스도의 교회는 이 충돌을 피하지 못했고, 이 두 요소의 힘에 이끌려 분열되었다. 수 세기 동안 강력한 지도자들이 여러 교파들에서 나타나 그들의 사상을 자기 교파 사람들에게 깊이 심어주었기 때문에 교파들은 교파의 지도자들이 엇갈리는 데서 서로 엇갈렸다.

어떤 교파는 더 중요하다고 생각되는 진리들을 더욱 강조하기 위해 다른 진리들을 무시하거나 억눌러 온 반면, 또 어떤 교파는 그와 완전히 반대의 진리를 강조하는 경향을 보여 왔다. 그러다 보니 서로의 입장이 극명하게 갈렸다.

어떤 이들은 모래 알갱이 안에서 세상을 볼 것을 주장하는 사람들을 추종하고, 또 어떤 이들은 세상의 모래 알갱이를 세는 일에 끈질기게 몰두하는 사람들을 추종한다. 그런데 이 두 그룹에 공통점이 하나 있다. 둘다 별생각 없이 맹종한다는 것이다. 두 그룹의 도덕적 성향과 영적 특징은 서로 완전히 다르다. 어느 정도로 다른가 하면, 두 그룹에 대해 사전지식(事前知識)이 전혀 없는 어떤 사람이 우연히 이 두 그룹과 함께 일정 시간을 보낸 후 "이 두 그룹은 서로 다른 성경에서 그들의 교리를 뽑아냈거나, 심지어 서로 다른 신을 경배한다"라고 결론 내린다 해도 이 사람을 이해해주어야 할 정도이다.

극단으로 치닫는 위험을 주의하라

얼마 전에 나는 새 찬송가책을 하나 손에 넣게 되었다. 그 찬송가책은 먼 나라에서 온 것이라 내 호기심을 자극하기에 충분했다. 내가 그 전에 보지 못했던 진귀한 시(詩)나 찬송가나 신령한 노래가 들어있지 않을까 하는 기대감에 부푼 마음으로 서둘러 그 책을 펴보았지만, 내 기대는 금방 물거품이 되고 말았다.

그 찬송가책은 모래 알갱이를 세는 마음으로 교리를 연구한 기독교 교파에서 출판한 것이었다. 그 책의 모든 찬송가는 한쪽 시각에서만 좁게 기독교를 본 교리를 찬송가책 사용자에게 주입하겠다는 의도에서 만들어진 상상력 없는 교과서 같다는 느낌이 들었다. 거룩한 시의 숨결이 그 책에는 없었다. 그 책은 독수리가 날개 치며 솟아오르는 것 같지 않았고, 대신 땅 위를 엄숙하고 부자연스럽게 걷는 것 같았다. 그나마 독창적인 곡이라고 할 수 있는 것들도 딱딱하고 기쁨이 없고 매력도 없었으며, 이 교파에서 계속 단조롭게 강조하기 위해 선택한 여섯 개의 교리의 무게에 눌려 축 처져 있었다. 가장 좋지 않았던 점은 전통적으로 애창되어 온 곡 중 많은 것이 실려 있었지만, 거의 알아볼 수 없을 정도로 변형되고 그 의미가 약화되어 있었다는 것이다.

그 찬송가책의 편집자들은 다윗의 수금으로 연주하지 않았고, 오히려 그것을 망치 삼아 그 교파의 사람들의 머릿속에 모나고 어려운 교리들을 때려 박으려 했다. 그들에게는 찬송가를 부르는 사람들에게 기쁨을 주겠다는 의도는 애당초 없었고, 찬송가를 통해 사람들의 교리적 사고를 그 교파의 교리적 입장에 획일적으로 맞추겠다는 의도만 있었다.

내가 볼 때, 성령의 감동 없이 쓰인 이런 책의 가사에 담긴 신앙관은 이 책의 사용자에게는 정말 재앙이다. 하지만 그렇다고 해서 이런 신앙관과 정반대되는 쪽으로 나간다고 문제가 해결되는 것은 아니다. 우리는 우리의 상상력이 거룩한 곳에서 마치 고삐 풀린 망아지처럼 돌아다니게 할 수는 없다. 하나님의 제단에 이상한 불을 올려놓아서는 안 된다. 교육받지 못한 종교 지도자를 신뢰할 수는 없다. 예를 들면, 일출(日出)이 주는 영감과 로마서의 영감을 똑같다고 생각하고 호머(고대 그리스의 서사시 작가)와 셰익스피어의 권위를 성경의 선지자들과 사도들의 권위와 똑같다고 보는 선생을 신뢰할 수는 없다.

우리는 '성경 본문에 대한 과도한 교리적 해석'이라는 족쇄와 '심정적 정서주의(情緒主義)의 무책임한 자유'라는 족쇄를 모두 피해야 한다. 즉, 과학자적 오류와 시인적 오류를 모두 피해야 하는데, 그렇게 하기 위해서는 다음과 같은 몇 가지에 유의해야 한다.

먼저, 말은 진리가 아니라 진리라는 보석을 담고 있는 장식

함이라는 사실을 알아야 한다. 장차 하나님께서 우리에게 책임을 물으실 때 기준으로 삼으실 것은 단지 성경 본문의 말이 아니라 성경 본문의 의미이다. 하나님을 즐겁게 해드리는 것이 언제까지나 어려운 것만은 아니다.

또한 사랑이 정확한 교리보다 더 중요하다고 해서 사랑과 정확한 교리가 양립할 수 없는 것은 아니다. 후자 없는 전자는 감상(感傷)에 불과하고, 전자 없는 후자는 죽은 것이다. 우리의 영은 우리의 지성보다 더 크기 때문에 우리의 의식적(意識的) 사고가 뚫을 수 없는 베일을 뚫고 들어갈 수 있다.

하나님이 계시해주신 모든 것이 서로 모순되어 보일지라도 우리는 그 모든 것을 믿을 수 있다. 모든 진리들이 가장 큰 진리 안에서 만나 조화를 이루고 그 가장 큰 진리가 우리에게 자유를 주기 때문이다(요 8:32).

PART

2

GOD TELLS THE MAN WHO CARES

믿음 있는 자 귀를 열어라

7
CHAPTER

그리스도의 몸, 교회의 가치

하나님의 의지(意志)를 이 시대에 가장 잘 표현해주는 곳은 그분이 그분의 피로 사신 교회이다. 어떤 신앙적 활동이라도 그것이 성경적으로 정당한 것이 되려면 교회 활동의 일부로서 이루어져야 한다. 교회에 중심을 두고 교회로부터 나오는 예배가 아니라면 하나님께서 받지 않으신다는 것을 분명히 기억하자. 성경학교, 소책자 전도회, 기독교실업인회, 신학교 그리고 다양한 분야에서 활동하는 독립적 기독교 단체들은 용기를 가지고 경건한 마음으로 스스로를 살펴보아야 한다. 교회 밖에서, 그리고 교회를 떠나서는 참된 영적 의미를 가질 수 없기 때문이다.

성경은 '교회는 하나님께서 그분의 영을 통해 거하시는 곳'이라고 교훈한다. 그러므로 교회는 해 아래에서 가장 중요한 유기적 조직체라고 할 수 있다. 가정, 국가, 학교와 같이 단지 좋은 기관 중 하나가 아니라 모든 제도 중 가장 핵심적인 기관이며, 하늘에 기원을 둔 유일한 기관이라고 말할 수 있다.

이렇게 말하면 냉소주의자들은 내가 말하는 '교회'가 어떤 교회를 의미하는 것인지 묻는다. 그들은 참된 교회가 존재한다 할지라도 어떤 것이 진정한 교회인지 분간할 수 없을 정도로 교회가 분열되어 있지 않느냐고 말할지 모른다. 그러나 우리는 우리에게 회심의 미소를 던지며 이렇게 말하는 회의주의자들 때문에 심란해지지 않는다. 사실, 교회 안에서 살고 있는 우리는 교회 밖의 누구보다도 교회의 잘못된 점들을 잘 알고 있다. 그럼에도 불구하고 우리는 어둠과 불신의 세상 어디서든지 교회가 존재하는 곳이라면 그 교회의 가치를 믿는다.

성령의 인도에 따라 모인 소수의 사람들이 그리스도의 구원을 의지하고 영으로 하나님을 예배하며 세상과 육신을 끊으면 그곳이 교회가 된다. 교회의 구성원들이 온 땅에 흩어져 어쩔 수 없이 멀리 떨어져 있어야 하고 서로 다른 상황에 처해 있는 것이 사실이지만, 양들이 목자와 양 우리를 그리워하는 것처럼 그들 속에는 귀소본능(歸巢本能)이 있다. 그렇기에 진정한 그리스도인들에게 조금이라도 기회를 주면, 그들은 비록 소수라 할지라도 모여서 조직을 만들고 예배와 기도를 위한 정기적 집회를 계획한다. 그리고 이런 집회를 통해 성경 말씀을 공부하고, 그들의 교리적 입장에 따라 이런저런 형식으로 함께 떡을 떼며, 죽어가는 세상에 구원의 복음을 전하기 위해 최대한 노력한다.

이런 사람들의 그룹이 '그리스도의 몸'의 세포(기초 조직)인데, 각 세포는 참된 교회이며 더 큰 교회의 진정한 일부이다. 그리고 이런 세포 안에서, 이런 세포를 통해 성령께서는 이 땅 위에서 그분의 일을 행하신다. 그러므로 개교회(個敎會)를 우습게 아는 사람은 '그리스도의 몸'을 우습게 아는 것이다.

교회는 지극히 중요하다. 그리스도께서 베드로를 향해 하셨던 말씀을 기억하자.

"또 내가 네게 이르노니 너는 베드로라 내가 이 반석 위에 내 교회를 세우리니 음부의 권세가 이기지 못하리라"(마 16:18).

8
CHAPTER

조직화: 그 필요성과 위험성

'조직화'라는 것은 어떤 목적을 이루기 위해 전체의 몇몇 부분들을 잘 짜맞추는 것이다. 이런 조직화는 상황에 따라 강제적으로 이루어질 수도 있고 자발적으로 이루어질 수도 있다.

창조된 우주의 곳곳, 그리고 인간 사회에는 어느 정도의 조직화가 필요하다. 조직화가 없다면 학문, 정부, 가족, 예술, 음악, 문학, 그리고 온갖 종류의 창조활동이 불가능할 것이다.

생명도 조직화를 필요로 한다. 자신을 표현할 수 있는 매개체가 없다면 생명이란 것이 존재할 수 없다. 생명은 조직체에서 독립해 그 자체로서 존재할 수 없기 때문이다. 어떤 조직체, 즉 생명의 거처가 되는 어떤 형식이 존재하는 곳에서만 생명이 발견된다. 그리고 몸과 형식이 있는 곳에는 조직이 있다. 예를 들어 인간은 조직화된 부분들의 총합(總合)인데 이런 부분들 안에서, 그리고 이런 부분들을 통해서 생명이라는 신비가 표현된다. 어떤 이유에서든 간에 부분들의 조직이 무너지면 생명이 떠나고 사람은 죽는다.

질서의 둥지, 조직화

사회에도 조직화가 필요하다. 사람들이 세상에서 함께 살려면 어떤 방법으로든 조직화되어야 한다. 시대와 장소를 초월해 사람들은 이 사실을 인정해 왔으며, 정글의 원시적 부족으로부터 세계제국에 이르기까지 인간 사회의 구석구석에는 조직화가 요구되었다. 그런 의미에서 정부가 개인의 통제를 최소화하고 개인의 자유를 최대화하면서 질서를 유지한다면, 그것이야말로 이상적인 것이다.

지혜로운 사람들은 개인의 자유를 '어느 정도' 통제하는 것이 선하고 필요하다고 인정한다. 또 '지나친' 통제가 악하다고 인정한다. 그런데 '어느 정도'와 '지나친'의 의미를 정의하려 할 때는 이견(異見)들이 분출된다. 얼마나 많으면 '지나친' 것이며, 얼마나 적어야 '어느 정도'라고 할 수 있을까? 이 문제가 해결되면 미국의회와 영국의회가 조용해질 것이고, 민주당원과 자유주의자가 공화당원과 보수주의자와 함께 누울 것이며, 어린아이라도 그들을 이끌어갈 수 있을 것이다.

노예국가와 자유국가 사이에는 '정도(程度)의 차이'만 존재한다. 전체주의 국가에서도 어느 정도의 자유는 있고, 자유국가의 시민들도 어느 정도의 통제를 견디어야 한다. 자유와 통제의 균형을 어떻게 맞추느냐에 따라 노예국가가 되기도 하고 자유국가가 되기도 한다. 세상물정을 잘 아는 사람들은 자기가 절대적으로 자유롭다고 믿지 않으며, 모두의 유익을 위해 자신의 자유가 어느 정도 축소되어야 한다는 것도 잘 알고 있다. 그들이 바랄 수 있는 최선의 것은 자유의 축소가 최소화되는 것이다. 그들은 가장 적게 축소된 자유를 '자유'라고 부르며, 이 자유가 너무나 소중하기에 이것을 지키기 위해 목숨까지 내놓는다. 서방세계는 이 자유의 균형을 지키기 위해 25년의 기간 동안 두 차례 큰 전쟁을 치렀는데, 만일 그렇게 하지 않았다면 나치즘(히틀러가 통치할 당시의 독일의 국가사회주의)과 파시즘(이탈리아에서 무솔리니가 실행한 독재적 국가사회주의)의 숨 막히는 통제 아래에서 모두가 신음하게 되었을 것이다.

그리스도 중심적으로, 교회 중심적으로 사고하려는 나는 모든 것을 기독교와 연관지어 생각하지 않을 수 없다. 수년 동안 나는 기독교 안에서 나타나는 '조직화 과잉 경향'을 보며 마음이 몹시 불편했고, 지금도 여전히 불편하다. 이런 나를 보고 사람들은 내가 조직화의 가치를 믿지 않는다고 비난해 왔지만, 이것은 나를 오해한 데서 나온 비난이다.

교회 안에서 생기는 조직들에 반대하는 사람이 있다면 그는 인생 공부를 한참 더 해야 하는 무식한 사람이다. 예술은 조직화된 아름다움이고, 음악은 조직화된 소리이며, 철학은 조직화된 사고이고, 과학은 조직화된 지식이며, 정부는 조직화된 사회이다. 그리고 그리스도의 참 교회는 '조직화된 신비'이다.

교회의 고동치는 심장은 '생명'이다. 헨리 스쿠걸(1650-1678. 스코틀랜드의 신학자 및 저술가)의 명언을 인용해서 말하자면, '인간의 영혼 안에 있는 하나님의 생명'이다. 이 생명이 있기 때문에, 그리고 교회 안에서 나타나는 그리스도의 실제적 임재가 있기 때문에 교회는 신적(神的)인 것이고 신비이고 기적이다. 그런데 실체와 형식과 질서가 없다면 이 신적 생명은 전혀 거처(居處)를 갖지 못할 것이고, 신자들의 공동체에게 자신을 표현하지 못할 것이다.

이런 이유 때문에 신약은 조직화에 대해 많은 이야기를 한다. 바울의 목회서신들 그리고 그의 고린도전후서를 보면 이 위대한 사도가 조직을 세우는 일에 힘썼다는 것을 알게 된다. 그는 디도에게 "내가 너를 그레데에 남겨 둔 이유는 남은 일을 정리하고 내가 명한 대로 각 성에 장로들을 세우게 하려 함이니"(딛 1:5)라고 상기시켰다. 바울의 이 말에 담긴 뜻은 너무나 분명하다. 그레데 섬의 신자들의 다양한 그룹들이 질서를 갖추도록 돕는 사명을 그가 디도에게 부여했다는 것이다! 물론,

질서는 오직 조직화를 통해서만 이룰 수 있다.

조직화의 양 극단을 주의하라

이제까지 그리스도인들은 몇 가지 잘못된 방향으로 나아가는 경향을 보여 왔는데, 그렇게 된 이유는 조직의 목적을 이해하지 못했거나 과도한 조직의 위험성을 알아채지 못했기 때문이다. 첫째, 조직을 전혀 만들지 않으려는 사람들은 혼란과 무질서를 가져온다. 혼란과 무질서는 우리 주님께 영광을 돌리지 못하고 인간 사회에도 도움이 안 된다. 둘째, 어떤 이들은 생명 대신 조직화에 매달리다가 "살았다 하는 이름은 가졌으나 죽은 자"(계 3:1)가 된다. 셋째, 어떤 이들은 규칙과 규정에 너무 매료된 나머지 이를 황당할 정도로 많이 만들어내어, 교회 안에서 자발성을 질식사시키고 생명을 교회 밖으로 몰아낸다.

이런 잘못된 것들 중에서 내가 주로 걱정하는 것은 세 번째 경우이다. 조직화가 너무 안 되어서 죽은 교회들이 있었던 것처럼 조직화가 너무 지나쳐서 죽은 교회들도 많다. 현명한 교회 지도자들은 양쪽 극단을 피할 것이다. 사람은 혈압이 너무 높아서 죽을 수도 있지만 반대로 혈압이 너무 낮아서 죽을 수도 있다. 고혈압이냐 저혈압이냐 하는 것은 중요하지 않다. 어느 쪽이든 죽는 것은 마찬가지이기 때문이다. 교회의 조직화에서 중요한 것은 양쪽 극단을 피하고 그 중간에서 성경적 균형을 잡는 것이다.

순진함 가운데 태어나 하늘의 사랑의 끈으로 하나가 되었던 행복한 그리스도인들의 모임이 점점 순진함을 잃어가고, 성령의 아름다운 감동을 '규정'이라는 이름으로 제한하고, 천천히 내부로부터 죽어가는 것을 보면 너무 마음이 아프다. 안타깝게도 거의 모든 기독교 교파들이 그런 길을 걸었으며, 진리의 성경과 성령의 경고에도 불구하고 거의 모든 교파들이 여전히 그 길을 걷고 있다.

과잉 조직에 갇힌 교회

오늘날 복음주의 교파들이 적절한 조직화의 부족으로 인해 위험에 빠질 가능성이 어느 정도 있는 것은 사실이지만, 진짜 위험은 그 반대쪽에 도사리고 있다. 오리들이 물로 달려가듯이 교회들이 복잡한 조직화로 달려가고 있다! 이런 현상이 빚어지는 원인은 무엇일까?

내가 볼 때, 첫째 원인은 재능 있는 소수가 그들보다 재능이 적은 다수를 자기들의 뜻대로 움직이겠다는 '자연스러운, 그러나 육신적인 욕망' 때문이다. 그렇게 하려는 이유는 자신의 치솟는 야망을 이루려고 달려가는 길에서 다수가 방해가 되지 않도록 하기 위함이다. "권력은 부패하기 쉽고, 절대 권력은 절대 부패한다"라는 말이 있다. 대개는 잘못 인용되지만, 아무튼 자주 인용되는 이 속담은 정치에서뿐만 아니라 종교에서도 딱 들어맞는다. 남들보다 더 높아지려는 욕망을 고치는 자연적 치료법은 아직 발견되지 않았다.

가분수(假分數) 모양의 추한 조직 과잉이 생기는 또 다른 원인은 두려움이다. 경건한 사람들이 용기와 믿음과 성결한 상상력으로 세운 교회나 기독교 단체가 한두 세대 후에는 설립자들의 영성의 수준과 똑같은 수준을 유지하면서 확장되는 것은 불가능해 보인다. 영적 조상들은 그들처럼 용기와 믿음이 강한 자들을 만들어내지 못했다. 영적 조상들에게 있었던 것은 하나님이셨고, 그 밖에 다른 것은 거의 없었다. 하지만 조상들의 비전을 잃어버린 그들의 후손들은 자기들에게 없다고 생각되는 능력을 보충하기 위해 방법들과 조직을 의지하게 된다. 그러면 규칙과 선례들이 단단한 보호막으로 굳어지고, 그들은 어려움이 생길 때마다 그 보호막 뒤로 피신한다. 전쟁터에 나가 끝까지 싸우는 것보다 목을 쏙 집어넣고 피하는 것이 언제나 더 편하고 안전하다는 것이다.

우리를 단순하고 실제적인 것에서 떼어놓고 대신 복잡한 것으로 끌고 가려는 강한 중력(重力) 같은 것이 우리의 모든 타락한 삶 속에서 작용한다. 영적 자살을 향해 가는 우리의 병적 충동 뒤에는 일종의 '슬픈 불가피성'이 있는 것 같다. 선지자적 통찰력을 갖고 깨어 기도하며 열심히 노력할 때에만 이런 잘못된 경향을 뒤집어엎고, 사라진 과거의 영광을 되찾을 수 있다.

역사적인 플리머스 록(Plymouth Rock) 부근에 있는 오래된 공동묘지에는 필그림 조상들(1620년에 메이플라워를 타고 뉴잉글랜드로 온 잉글랜드의 청교도로서 매사추세츠 남동지역에 플리머스 식민지를 건설했다)이 잠들어 있다. 그 묘지의 돌에는 엄숙한 말이 새겨져 있는데, 내 기억에 의존해 인용하면 다음과 같다.

"우리의 조상들이 그토록 비싼 대가를 지불하고 얻은 것을 가볍게 버리지 말자."

20세기 중반을 살아가는 우리 복음주의자들이 이 엄숙한 말을 우리의 신앙적 상황에 적용하면 좋을 것이다. 우리는 여전히 프로테스탄트(로마 가톨릭을 거부한 개신교도를 가리키는 말로서 '항거한다'는 의미를 강조하는 표현)이다. 우리는 우리의 종교적 자유를 가볍게 버리는 것에 항거해야 한다. 유감스럽게도 우리는 초기 기독교의 소박한 자유를 잃어버리고 있고, 우리를 위해 영원한 언약의 피로써 획득된 권리들을 하나씩 하나씩 포기하고 있다. 우리의 본연의 모습을 지킬 수 있는 권리, 성령께 순종할 수 있는 권리, 스스로 자유롭게 사고할 수 있는 권리, 우리의 삶을 꾸려나갈 수 있는 권리, 우리의 돈을 하나님을 위해 어떻게 사용할 것인지를 결정할 수 있는 권리, 이런 권리들을 포기하고 있다. 기억하라. 우리의 위험은 외부로부터 오는 것이 아니라 내부로부터 온다는 것을!

9 CHAPTER

교회가 세상을 본받아서는 안 된다

종교계를 관찰한 사려 깊은 어떤 사람이 쓴 작은 책이 우리의 호기심을 불러일으킨다. 이 책에서는 기독교의 작고 큰 교파들은 그것들이 처한 사회적 환경 때문에 생겨났다고 한다.

내가 이해한 이 책의 저자의 논리에 의하면, 다양한 기독교 교파들에서 볼 수 있는 서로 다른 교리와 교회 정치 제도가 기독교 국가들의 경제적, 정치적, 인종적 및 문화적 양식들에서 생겨났다는 것이다. 이 이론에 따른다면, 민주국가에서는 민주적 교회가 나타날 것이고, 독재국가에서는 권위주의적인 교회 정치 제도가 기독교에서 자연스럽게 득세할 것이다. 그리고 문화가 발달한 사회에서는 교회의 예배에서 의식주의(儀式主義)가 주된 특징으로 나타날 것이고, 풍부한 상징주의나 외적 아름다움의 형식들도 많이 나타날 것이다.

나는 이 저자의 이론이 역사적 사실과 일치하는지에 대해 말할 준비가 되어 있지는 않다. 다만 내 제한된 역사 지식으로 볼 때, 그의 설명이 사실을 이론에 두드려 맞춘 것이라 부분적으로만 맞는 것 같다는 생각이 든다. 한 가지 확실한 것은, 기독교가 본래의 기독교에서 벗어나게 되면 성경적 권위가 전혀 없는 비성경적인 요소들이 나타나 교회를 분열시킨다는 것이다.

성경은 어떤 언어로 번역되든 간에, 아무리 오랜 세월이 흐른 후라 해도 모든 이들에게 동일한 것을 계속 말한다. 영감을 통해 기독교의 계시를 주신 성령께서는 변하실 수 없기 때문에 시대를 초월해 동일하시다. 하나님은 창세전에 그리스도 예수 안에서 정하신 영원한 계획에 따라 일하신다. 우리 주님은 "천지가 없어지기 전에는 율법의 일점 일획도 결코 없어지지 아니하고 다 이루리라"(마 5:18)라고 분명히 말씀하셨다. 하나님의 진리는 어디에서나 동일하다. 그러므로 만일 교회가 그 진리를 따른다면 전 세계 어디에서나 교회의 교리와 실천은 동일할 것이다.

기독교의 주요 3요소

기독교의 세 가지 주요 요소는 영적 생명과 도덕적 실천과 공동체 조직이다. 이 세 가지는 모두 신약의 교리에서 나오고,

또 신약의 교리를 따른다. 그런데 좀 더 정확히 말하면, 첫 번째 것은 '절대적으로 있어야 하는 것'이고 나머지 둘은 '당위적 입장에서 볼 때 있어야 하는 것'이다.

세 가지 중 생명이 첫 번째이고, 당연히 첫 번째가 되어야 한다. 그 생명은 진리를 믿는 영혼에게 신비한 방법으로 주어진다. 그리스도는 "내가 진실로 진실로 너희에게 이르노니 내 말을 듣고 또 나 보내신 이를 믿는 자는 영생을 얻었고 심판에 이르지 아니하나니 사망에서 생명으로 옮겼느니라"(요 5:24)라고 말씀하셨다. 그리고 요한복음은 "나를 믿는 자는 성경에 이름과 같이 그 배에서 생수의 강이 흘러나오리라 하시니 이는 그를 믿는 자들이 받을 성령을 가리켜 말씀하신 것이라"(요 7:38,39)라고 말한다.

십자가의 메시지는 인간에게 영생을 주겠다고 제안하며, 또 성령께서 사람의 영혼 안에 거하시는 복을 주겠다고 제안한다. 영생과 성령의 내주(內住) 때문에 기독교는 다른 모든 종교들과 구별된다. 여기서 의미심장한 것은, 기독교를 세상의 모든 종교들과 구별되게 만들어주는 이 두 가지가 인간의 능력으로는 도저히 이룰 수 없는 것들이라는 점이다. 이것들은 완전히 신비로운 것이고, 신적인 것이며, 인종이나 정치나 경제나 교육의 영향을 받지 않는다. 인간의 영혼 안에 있는 하나님의 생명은 그 인간의 사회적 지위와 전혀 관계가 없다. 초대교회에서 성령은 사람들을 갈라놓는 온갖 인위적인 것들을 초월해 모든 신자들을 하나의 영적 형제들로 만드셨다. 유대인과 이방인, 부자와 가난한 자, 헬라인과 야만인이 모두 세례를 받아 한 몸이 되었고, 그리스도께서는 그 몸의 머리가 되셨다.

믿음으로 영생의 선물을 받는다는 교훈, 성령께서 신자의 마음 안으로 들어가신다는 교훈, 새로 태어난 영혼이 그리스도의 몸의 일부로 편입된다는 교훈, 이 세 가지 교훈을 받아들이는 사람만이 신약성경의 가르침에 순종하는 것이다.

쇠약해진 교회

이 세 가지 교훈은 신약에서 아주 분명하고 자세하게 언급된다. 아무리 서로 다른 정치체제 속에 산다 해도, 아무리 서로 다른 문화적 수준에서 사는 사람들이라 할지라도 이것들에 대해서는 이견(異見)이 없어야 하는 것 아닌가 하는 생각이 들 정도로 분명하고 자세하다. 그러나 유감스럽게도 현실은 그렇지 못하다. 신자들이 서로 다른 교파들로 나뉘어 있기 때문이다. 그들은 성경 밖에 있는 것들을 제멋대로 교리 안으로 끌어들였고, 그 결과 영적으로 쇠약해졌다.

기독교 교파들의 도덕적 실천이 그들 주변의 사회에게 영향을 받았던 것은 분명한 사실이다. 우리는 이 사실의 본질을 꿰뚫어보아야 한다. 이것이 별것 아니라고 말하면서 구렁이 담

넘어가듯 넘어가려고 해서는 안 된다. "누구든지 이 계명 중의 지극히 작은 것 하나라도 버리고 또 그같이 사람을 가르치는 자는 천국에서 지극히 작다 일컬음을 받을 것이요"(마 5:19)라는 성경의 경고를 잊지 말자.

'이상한 사람'이라고 비난 받는 것을 피하기 위해 그리스도의 도덕적 가르침을 우리의 편의에 따라 수정한다면, 그것은 우리의 신앙이 퇴보했다는 증거이다. 회개함으로 우리의 삶을 그리스도의 가르침에 완전히 복종시켜야 비로소 이런 불명예스런 신앙적 퇴보에서 벗어날 수 있다.

기독교 신앙생활의 세 번째 요소라고 할 수 있는 교회 정치의 형태, 즉 예배와 봉사를 위한 신앙공동체의 정치적 조직은 앞에서 다룬 두 가지 경우보다 사회의 압력과 영향에 더 많이 종속된다. 이것에 대한 좋은 예를 현대에서 찾자면 구세군을 들 수 있다. 어느 면으로 보나 구세군은 군대를 모방해서 조직화하고 그런 호칭을 사용하는 기독교 교단이다. 또 다른 예들은 국가조직을 상당히 본 따서 교회의 정치 형태를 만든 역사적 교단들에서 발견된다. 어떤 이들이 성경을 인용하면서 그들의 정치 형태를 정당화하고 내 말을 부정한다 할지라도 내 주장의 정당성은 사라지지 않는다.

기독교는 지역에 따라, 또 시대에 따라 다양한 모습으로 나타나는데 그것은 기독교가 정치적, 경제적, 인종적, 문화적 요인들에 영향을 받기 때문이다. 이 글을 쓰는 나 자신이나 이 글을 읽는 독자들도 사회의 영향에서 완전히 벗어났다고 말할 수는 없을 것이다. 만일 현재의 그리스도인들이 과거의 어떤 시대에 살았다면 지금과는 어느 정도 다른 모습으로 신앙생활을 했을 것이다.

나는 이것을 인정하는 것이 좋다고 생각한다. 하지만 그렇다고 해서 이것을 정상적인 것으로 받아들여서는 안 된다. 즉 우리의 모습이 세상의 영향을 받아 형성되는 것을 불가피한 것으로 받아들여서는 안 된다. 바울은 "너희는 이 세대를 본받지 말고 오직 마음을 새롭게 함으로 변화를 받아"(롬 12:2)라고 가르쳤다. 우리가 어느 정도 세상을 본받은 것은 우리의 믿음이 연약하다는 증거이다. 그럴 때 우리는 그 일을 즉시 바로잡아야 한다. 우리 스스로를 거룩하게 구별하고 세상과 거리를 두고 말씀에 순종하며 항상 기도함으로써 세상의 손아귀에서 벗어나야 한다.

환경에 영향을 받아 만들어지는 기독교가 아닌 순수한 기독교는 실제로 세상과 날카롭게 대립한다. 하나님의 능력이 지속적으로 나타났을 때 교회는 세상의 거센 물결을 거슬러 사회에 영향을 끼침으로 사회를 깨끗케 했다.

CHAPTER 10

교회에 들어온 실용주의

19세기에서 20세기로 넘어올 때 실용주의 철학이 미국에서 그토록 인기를 누린 것은 우연이 아니다. 실용주의 철학은 미국인의 기질에 딱 들어맞았고, 물론 현재도 그렇다.

실용주의의 다양한 측면은 다양한 사람들에게 다양한 것들을 의미하지만, 실용주의는 기본적으로 진리의 유용성에 관한 철학이다. 실용주의자에게 있어서는 절대적인 것이 없다. 절대적으로 선한 것도, 절대적으로 악한 것도 없다. 그들의 진리와 윤리관(倫理觀)은 인간의 체험의 바다 위에서 떠돌아다닌다. 그 바다에서 헤엄치다 지쳐버린 사람이 적절하고 좋은 어떤 신념이나 윤리관을 붙잡아 바다에 빠지지 않고 간신히 해안가에 도달한다 해도 후에는 그 진리나 윤리체계를 거추장스럽게 여기며 다시 그것들을 던져버린다. 진리 그 자체를 위해 진리를 계속 붙들어야 한다는 책임감을 느끼지 않으며, 진리가 그를 섬기는 것이지 그가 진리를 섬겨야 할 의무는 없다고 여긴다. 이것이 실용주의 철학이다.

성공하면 선한 것이다?

실용주의는 계속 말한다. "진리는 사용하면 그만이다. 어떤 것이 그것의 사용자에게 유익을 주면 참된 것이고, 그렇지 못하면 참된 것이 아니다. 어떤 사상이 진리인지 아닌지를 결정하는 것은 그것이 소기의 목적을 달성하도록 도움을 주는가 하는 것이다. 원하는 결과를 낳지 못하면 거짓된 것이다." 이런 것이 실용주의이다. 실용주의의 복잡한 전문용어들의 껍질을 다 벗겨내고 남는 알맹이는 바로 이런 것이다.

'실용성'이라는 것이 미국인들의 뚜렷한 특징 중 하나이기 때문에 그들은 유용성의 철학으로 많이 기운다. 원치 않는 부작용을 최소화하면서 가장 효율적으로, 즉시 일을 처리할 수 있게 해주는 것이라면 무엇이든지 선한 것이라고 본다. 어떤 것이 성공을 가져다주면 그것이 옳은 것임이 증명된 것이라 여긴다. '성공했다는데 뭔 잔말이 그렇게 많은가'라는 식이다.

인간의 영혼의 중요성을 주장하는 것은 소용없다. 즉, 인간이 이룰 수 있는 것보다 더 중요한 것은 인간 자신이라고 주장하는 것은 소용없다. 전쟁에 이겨야 한다면, 산림을 개간해야 한다면, 강을 상대로 치수사업(治水事業)을 해야 한다면, 공장을 건설해야 한다면, 다른 행성들까지 가야 한다면, 인간 영혼의 더 작은 주장들은 무시당하게 된다.

그들의 성공적 업적을 보여주는 장엄한 드라마를 보게 되면 누구나 입이 딱 벌어질 것이다. 업적은 눈에 보이는 것이다. 공장, 도시, 고속도로, 그리고 로켓은 눈에 빤히 보일 수밖에 없는데, 그것들은 수단을 실용적으로 사용해 목적을 달성한 결과이다. 그러므로 '이상(理想)이니 정직함이니 도덕이니 하는 것들에 신경 쓸 필요가 있는가? 이런 것들은 시인이나 마음씨 좋은 할머니나 철학자가 신경 쓰게 하고, 우리는 하던 일이나 계속하자'는 것이 실용주의 사상이다.

이제까지 나는 실용주의가 어떤 것인지에 대해 나름대로 길게 설명했다. 사실, 나보다 더 잘 설명한 사람들이 과거에 수십 명 있었을 것이므로 더 이상 길게 얘기하면 지면(紙面) 낭비일 것이다. 다만, 이제 나는 이 실용주의 철학이 기독교에 강한 영향을 끼쳤고, 20세기의 중반에도 역시 영향을 끼치고 있다는 것을 지적하고 싶다. 나는 그리스도를 믿는 신앙에 직접적으로 영향을 주는 것이라면 무엇이든지 내 관심의 대상으로 삼는데, 독자들도 그렇게 되기를 바란다.

교회에 들어온 성취 강박증

일종의 '성취 강박증' 같은 것이 우리 중에서 아주 많이 발견된다. 우리는 일종의 '종교적 병적 집착'에 영향을 받는다. 눈으로 볼 수 있고, 사진을 찍을 수 있고, 크기와 숫자와 속도와 거리로 측정될 수 있는 것을 성취하려는 깊은 내면적 강박에 영향을 받는다. 우리는 엄청나게 먼 거리를 여행하고, 믿을 수 없을 만큼 많이 모인 군중에게 메시지를 전하고, 놀랄 만큼 많은 종교서적을 출판하고, 어마어마하게 많은 헌금을 거두어들이고, 교회들을 수없이 세우고, 우리의 자녀들이 미래에 갚아야 할 빚을 엄청나게 끌어다 쓴다. 기독교 지도자들은 신기록을 세우기 위해 서로 경쟁하다가 종종 소화성 궤양이나 신경쇠약에 걸리기도 하고, 비교적 젊은 나이에 심장마비로 사망하기도 한다.

바로 이런 현상들에서 실용주의 철학이 맹위를 떨치고 있는 것이다. 이 철학은 우리가 행하고 있는 것이 진정으로 지혜로운 것인지를 묻지 않으며, 심지어 그것의 도덕성도 묻지 않는다. 그런 것들을 물어보았자 머리만 복잡해진다는 것이다. 우리가 선택한 목적을 옳고 선한 것으로 당연시하면서 그 목적을 이룰 효과적 방법과 수단만을 찾는다.

효과적인 방법을 찾으면 즉시 그것을 합리화할 성경 본문을 찾아내고, 그것을 성별(聖別)해 주님께 드린 후 앞으로 돌격한다. 이렇게 해서 업적을 이룬 사람은 잡지기사의 주인공으로, 그 다음에는 책의 주인공으로 등장하며, 결국에는 명예학위까지 받게 된다. 이 정도에 이르면 그 업적이 성경적인 것인지, 심지어 도덕적으로 정당한 것인지에 대한 질문을 던지는 사람은 눈을 씻고 봐도 보이지 않는다. '성공했으면 됐지, 웬 잔말이 많은가?'라는 식이다. "방법이 효과를 보았다. 고로, 그 방법은 선하다"라고 말한다.

그러나 이 모든 것의 약점은 그것의 비극적 근시성(近視性)이다. 종교적 활동을 장기적 관점에서 보지 못하며, 그렇게 할 엄두도 내지 못한다. 효과를 보았으니 선하고 참된 것이라고 기분 좋게 믿어버릴 뿐이다. 현재의 성공에 만족할 뿐이며, 자기의 업적이 '그리스도의 날'에 연기처럼 사라져버릴 수도 있다는 생각은 받아들이지 않는다.

현대의 기독교 상황에 대해 나름대로 많이 아는 사람으로서 나는 "오늘날 복음주의 교파들에서 이루어지고 있는 활동 중 일부, 좀 더 정확히 말하면 상당히 많은 부분이 실용주의의 영향을 받았을 뿐만 아니라 거의 완전히 실용주의에 지배당하고 있다"라고 주저없이 말할 수 있다. 많은 종교적 방법들이 실용주의 철학에 딱 맞추어져 있다. 실용주의는 젊은이들의 집회에서 그 모습을 많이 나타내고, 잡지와 서적들에서 찬양받으며, 신앙대회에서 맹위를 떨친다. 기독교계의 분위기 전체가 실용주의의 냄새를 강하게 풍긴다.

성경대로 행할 용기가 있는가

그렇다면 우리를 지배하는 이것의 힘을 깨뜨리는 방법은 무엇일까? 아주 간단하다. 예수 그리스도께서 그분의 교회의 활동을 지배할 권리를 갖고 계시다고 인정하면 된다. 우리가 무엇을 믿어야 할지에 대한 교훈뿐만 아니라 무엇을 행해야 할지, 또 그것을 어떻게 이루어야 할지에 대한 교훈이 신약성경을 가득 채우고 있다. 이 교훈들에서 벗어나는 것은 모두 그리스도의 주권을 부인하는 것이다.

실용주의의 지배를 깨뜨리는 방법이 이토록 간단하지만, 이 방법대로 사는 것은 쉽지 않다. 그렇게 하려면 인간이 아니라 하나님께 복종해야 하고, 기독교계의 대다수 사람들에게 미움 받을 각오를 해야 하기 때문이다. 따라서 이것은 무엇을 해야 하는가의 문제가 아니다. 무엇을 해야 할지에 대해서는 성경에서 쉽게 배울 수 있기 때문이다. 즉 이것은 성경대로 행할 용기가 있느냐 없느냐에 대한 문제이다.

11 CHAPTER

처음 신앙의 향기를 간직하라

언젠가 나는 남동부의 어떤 주(州)에서 산길을 걷다가 길가에 떨어져 있는 흰색 종이 한 장을 발견했다. 그런 곳에서 그런 종이를 발견하리라고는 전혀 예상하지 못했기 때문에 호기심이 증폭되었고, 나는 곧 그 종이를 주워들었다. 누군가 손으로 쓴 그 종이에는 글자가 또렷하게 쓰여 있었기 때문에 읽기에 어려움이 없었다.

"성장했을 때보다 태어났을 때 더 큰 생물은 이 세상에 딱 둘이다. 하나는 말벌이고, 다른 하나는 교인이다."

그곳 산지나 가까운 도시의 어떤 교회에서 설교를 들은 사람이 이 보물 같은 말을 메모했다가 그만 거기서 잃어버린 것일까? 아니면 내게 우호적인 어떤 철학자가 내가 다가오는 것을 보고 깨달음을 주려고 거기에 그 종이를 일부러 놓아둔 것일까? 나로서는 알 길이 없다.

양봉업자가 아닌 나로서는 갓 태어난 말벌이 완전히 성장한 말벌보다 더 크다는 말이 사실인지 아닌지 알 수 없다. 하지만 교인에 관한 언급은 너무나 정확했음을 알기에 나는 재미있지도, 마음이 편하지도 않았다.

그곳 산지의 선량한 사람들과 그들의 신앙적 표현 방법을 잘 아는 나로서는, 이 경구의 저자가 '교인'이라는 표현을 '그리스도인'이라는 말의 동의어로 사용했다고 확신한다. 그리고 그의 말에는 '내가 경험해 보니까, 보통의 그리스도인은 처음 회심했을 때보다 나중에 더 크기가 작아지더라'라는 뜻이 담겨 있다고 믿는다.

내 신앙은 어디쯤 있는가

처음 회심했을 때에는 그토록 뜨거웠던 수많은 사람들이 왜 나중에는 식어버려서 따분하고 판에 박힌 신앙생활을 이어가고 있는가? 왜 처음의 열정을 잃어버리고, 정상이라고도 할 수 없는 영성의 '죽은 평균 수준'에 머무는가? 주변 사람들에게서도 흔히 볼 수 있는 '그렇고 그런 신앙생활'을 그나마 이어가는 것이 이 세상에서 바랄 수 있는 최고 수준의 신앙생활이라고 생각하는 것은 무슨 이유 때문인가? 천상의 도성을 향한 여정의 첫걸음을 내디딘 후 몇 년이 지났을 때 오히려 더 작아지는 경향을 보이는 것은 무슨 이유 때문인가?

물론 나는 내 얘기가 모든 그리스도인들에게 적용된다고 주장하지는 않는다. 사실, 산길에서 발견된 그 글의 저자가 모든 교인들이 나이를 먹어감에 따라 작아지는 것처럼 말한 것은 약간 지나치다는 것이 내 생각이다. 모든 교인들이 그런 것은 아니라고 나는 믿는다. 하지만 일부라도 그런 교인들이 있다는 사실은 교회를 사랑하고 성도의 영적 행복을 늘 걱정하는 사람의 마음을 심란하게 만들기에 충분하다. 또 누구라도 그런 교인이 될 수 있기 때문에 우리는 기도하며 자신을 깊이 살펴야 할 것이다.

기쁨으로 가득 찬 회심을 체험한 후 많은 이들이 주님을 계속 바라보는 것보다 자신의 체험에 집착하는 것은 아닐까? 만일 그렇다면, 회심의 체험에서 맛본 신기함이 점차 사라질 때 기쁨과 열정도 역시 그들의 삶 밖으로 사라지고 말 것이다. 이런 사람들은 참된 그리스도인의 회심이 평안이나 안식이나 기쁨으로 향하지 않고 그리스도에게 향한다는 것을 배워야 한다. 평안이나 안식이나 기쁨은 때가 되면 찾아오지만, 그들이 모든 영적 기쁨의 원천이요 샘이신 그리스도에게서 시선을 떼면 다시 사라진다.

모든 감정에는 반작용이 따르기 마련이고, 모든 체험의 즐거움은 얼마 후면 점차 수그러드는 법이다. 인간이라는 유기체가 그렇게 생겨먹었고, 이것을 바꿀 능력은 우리에게 없다. 결혼한 부부의 경우, 결혼 2년차가 가장 위태롭다고 한다. 두 사람의 관계에서 처음의 설렘이 사라지고 있는데, 공동의 관심사를 발전시킬 시간이나 '덜 짜릿하지만 더 안정적인 생활'에 익숙해질 시간을 아직 갖지 못한 시점이기 때문이다.

종교가 아닌 하나님께 집중하라

하나님과의 관계를 깊이 추구할 때에만 비로소 영적 열정의 불이 계속 타오를 수 있다. 오직 그분만이 새로움과 신기함을 우리의 마음에 계속 채워주실 수 있기 때문이다. 그분 안에서는 매 순간이 새롭고 그 무엇도 늙지 않는다. 종교적인 것들에는 싫증을 느낄 수도 있고, 심지어 기도도 우리를 지치게 할 수 있지만 하나님은 그렇지 않으시다. 그분은 영원한 시간 속에서 날마다 그분의 영광의 새로운 면을 우리에게 보여주실 수 있다. 그렇다 할지라도 우리는 그분의 무한한 존재의 부요함의 깊이를 막 탐구하기 시작한 것에 불과할 것이다. 그리스도가 아닌 다른 것, 또는 그리스도에 덧붙여진 다른 것을 회심자들에게 제공하는 사람은 그들의 믿음의 달음박질이 절뚝거리거나 단명하게 될 수도 있다는 것을 명심해야 한다.

아무리 귀한 것이라도 그 신기함은 오래 가지 못한다. 관심과 흥미가 시들어갈 때, 우리는 사람들에게 열정적으로 권해서 다시 관심과 흥미를 되살리려고 애쓰는 경향이 있다. 그러나 솔직히 말하자면, 나는 자주 듣게 되는 신앙적 권고의 말에 싫증이 난다. 그리스도를 내게 보여주지 못하면서 단지 "돌격 앞으로!"를 외치며 더 열심히 일하고, 더 많이 기도하고, 더 많이 베풀라고 목청을 높이는 설교자에게 싫증이 난다. 이런 것은 자꾸 반복할수록 약발이 점점 떨어지기 때문에, 결국 사람들은 약간 싫증을 내면서 지쳐버릴 것이다. 그렇게 되면 성장이 뒷걸음질치고, 점점 작아지다 열정이 줄어들어 처음 회심했을 때보다 더 나쁜 상태로 떨어진다.

기도회에서 복을 구하는 형제들의 기도 소리를 듣는 것이 나를 불편하게 했던 적이 많았다. 하지만 우리의 마음이 하나님과 교제를 나누고 우리 내면의 눈이 그분의 거룩한 얼굴을 보면 모든 기도가 편해진다. 나는 지루하고 따분한 설교를 듣느라고 고생스러웠던 적이 많았다. 하지만 설교자가 그리스도의 아름다움을 보여준다면 어떤 설교도 형편없지 않고 지루하지 않다. 그분의 얼굴을 보면 사랑과 열정으로 충만하게 되고, 하나님에 대한 지식과 은혜를 더욱 사모하게 된다.

이제까지 내가 한 말을 요약할 것 같으면, 하나님께 온전히 몰입하는 것만이 우리의 처음 체험의 아름다운 향기를 간직하는 유일한 방법이라는 것이다. 샘에서 끌어온 물로 계속 채워주는 작업을 하지 않는다면 우리의 작은 실개천은 틀림없이 말라버리고 말 것이다. 새로 회심한 사람이 알아야 할 것은 우리가 주야로 삼위일체 하나님과 교제할 때, 우리의 믿음이 줄어들지 않고 성장하게 된다는 것이다.

CHAPTER 12

지도자에게 따르는 책임

세상의 모든 역사가 확실히 가르쳐 주는 진리가 이스라엘과 유다의 역사에서도 분명히 나타난다. 그것은 대중이 그들의 지도자와 똑같거나, 머지않아 똑같아진다는 사실이다. 백성의 도덕적 수준은 왕의 도덕적 수준을 따라가기 마련이다.

대중이 지도자 없이 하나의 집단으로 행동하는 것은 불가능하다. 지도자가 없으면 머리가 없는 것이고, 머리 없는 몸은 힘이 없다. 언제나 누군가가 앞에서 이끌어야 한다. 약탈과 살인을 저지르는 폭도도 겉으로 보기에는 '조직화되지 않은 무리'처럼 보이지만 사실은 그렇지 않다. 그런 폭력사태의 배후에는 누군가 아이디어를 내놓는 사람이 있고, 무리는 그 아이디어를 행동으로 옮기는 것이다.

이스라엘이 때로는 그들의 지도자들에게 반역한 것은 사실이지만, 그 반역이 자발적인 것은 아니었다. 백성은 새로운 지도자를 선택해 그를 추종했을 뿐이다. 여기서 내가 말하고 싶은 요점은 그들에게 언제나 지도자가 있어야 했다는 것이다.

양은 목자를 닮는다

왕이 어떤 종류의 사람으로 드러나든지 백성은 이내 그의 지도를 따랐다. 다윗을 따라서 여호와를 경배했고, 솔로몬을 따라서 성전을 건축했으며, 여로보암을 따라서 금송아지를 만들었고, 히스기야를 따라서 성전예배를 회복했다.

대중이 지도자에게 호락호락 이끌린다고 말하면 기분 나빠할 수도 있겠지만, 지금 나는 누구를 깎아내리거나 높이려고 이런 말을 하는 것이 아니다. 나는 사실에 관심이 있을 뿐이며, 사실이라는 것은 종교인들이 좋은 의미에서든 나쁜 의미에서든 지도자를 따른다는 것이다. 한 명의 선한 사람이 온 나라의 도덕적 분위기를 바꾸어놓을 수 있으며, 부패한 세속적 성직자들이 한 나라를 속박의 사슬에 묶어놓을 수도 있다. '그 아버지에 그 아들'(Like father, like son)이라는 속담을 살짝 바꾸어 만든 '그 사제에 그 교인들'(Like priest, like people)이라는 속담이 있다. 네 단어로 된 이 속담에는 성경에서 분명히 가르치고 종교의 역사에서 거듭 나타났던 진리가 담겨 있다.

현재 서양의 기독교는 결국 과거의 기독교 지도자들이 만들어놓은 것이다. 그리고 멀지 않은 미래의 기독교는 현재의 기독교 지도자들의 모습을 그대로 닮을 것이다. 개교회는 그 교회의 목회자를 빠르게 닮아간다. 심지어 목회자의 가치를 부정하고 목회자를 두지 않는 신앙공동체의 멤버들도 마찬가지이다. 그런 신앙공동체의 사실상의 목회자가 어떤 사람인지를 알아내는 것은 어렵지 않다. 대개의 경우 그는 교회에 목회자를 두는 것에 반대하는 이유들을 아주 강하게 역설하는 사람이다. 그런 신앙공동체의 심지 굳은 지도자는 성경공부를 통해, 또는 공적 모임에서의 빈번한 즉흥적 메시지를 통해 멤버들에게 영향을 끼치는 데 성공한 사람으로서 그 그룹의 사실상의 목회자이다. 그가 아무리 강하게 부정한다 할지라도 그가 그 그룹의 목회자이다.

오늘날 교회들의 상태가 이토록 형편없어지게 된 것은 그들의 지도자들에게 직접적 원인이 있다고 보아야 할 것이다. 개교회에서 목회자가 진리를 설교하기 때문에 교인들이 들고 일어나 목회자를 내쫓는 일이 때때로 일어나는데, 이럴 경우에도 그들은 역시 배후의 어떤 지도자를 따르는 것이다.

그들의 이런 행동 뒤에서 조종하는 사람은 대개 돈 많은 육신적 집사나 장로이다. 이런 집사나 장로는 누가 후임 목회자가 될 것인지, 그가 주일에 무슨 설교를 할 것인지를 결정할 권리를 찬탈한다. 이들의 주도로 청빙 받은 후임 목회자는 양 떼를 인도할 수 없고, 다만 교회의 실질적 지도자를 위해 '일'할 뿐이다. 그렇게 되면 정말 딱한 상황이 벌어지는 것이다.

영적 지도력에 부정적 영향을 주는 요인들

영적 지도력에 큰 문제가 생기도록 영향을 미치는 몇 가지 요인을 정리해보면 다음과 같다.

첫째, 두려움이다. 사람들에게 호감을 얻고 좋은 소리를 들으려는 욕구는 성직자들에서도 강하게 나타난다. 그렇기 때문에 목회자는 대중의 반감을 살 수도 있는 언행을 피하고 대신 뒷짐 지고 있으면서 환심을 사기 위한 미소만 날리기 쉽다. 그러나 성령께서는 "사람을 두려워하면 올무에 걸리게 되거니와"(잠 29:25)라고 경고하시는데, 사람을 두려워하다가 올무에 걸리는 일이 가장 많이 일어날 수 있는 분야가 바로 목회이다.

둘째, 경제적 압박이다. 개신교 목회자의 월급 수준은 악명 높을 정도로 열악하며, 어떤 목회자의 가족은 대가족이기도 하다. 이 두 가지 사실이 합쳐지면 어떤 결과가 빚어질 지는 아주 자명하다. 하나님의 사람이 느끼게 될 압박과 유혹이 엄청 커질 것은 불을 보듯 뻔하다.

설교단에 선 사람이 회중의 심기를 불편하게 하면 회중이 지갑을 닫아 헌금이 줄어들게 한다는 것은 이미 널리 알려진 사실이다. 그런데 대부분의 목회자들은 한 해 한 해 근근이 살아간다. 교회를 이끌어나가는 목회자가 도덕적 경향이 강한 지도력을 보이면 종종 경제적 사망선고에 직면할 수도 있기 때문에 그런 식의 지도력을 행사하지 않는다. 그러나 건강한 지도력을 행사하지 않으면, 결국 지도력이 거꾸로 행사되는 악을 낳는다. 양 떼를 산위로 끌고 올라가지 않는 목회자는 자기도 모르게 양 떼를 산 아래로 끌고 내려가게 되는 것이다!

셋째, 야망이다. 그리스도께서 목회자에게 모든 것이 되시지 못한다면, 목회자는 자기의 유익을 추구하려는 유혹을 받게 된다. 대중을 기쁘게 해주면 교계에서 성공하게 된다는 것이 오랜 세월에 걸쳐 정설로 굳어진 것이 사실이다. 야망에 사로잡힌 목회자는 교인들이 '마땅히 가야 할 곳'으로 그들을 이끌어주지 않고, 그들이 '가기 원하는 곳'으로 이끌고 가는 노련함을 보인다. 이렇게 함으로써 겉으로는 용기 있는 지도자의 모습을 보이지만, 실상은 사람들의 심기를 불편하게 하는 것을 피하는 것이며, 큰 교회의 자리나 교계의 높은 자리를 차지하기 위해 애쓰는 것이다.

넷째, 지적 자만심이다. 불행하게도 지식인 계급을 숭상하는 분위기가 기독교계 안에 있는데, 내가 볼 때 이것은 비트족(beatniks: 1950년대 후반과 1960년대 초반에 기성사회의 가치관에 반항하면서 독특한 복장과 행동으로 자신들의 반항심을 표현했던 젊은이들) 같은 심리가 반대 방향으로 표출된 것에 지나지 않는다. 입으로는 개인주의를 큰 목소리로 주장하는 비트족이 실상은 순응주의자들 중에서도 가장 맹종하는 자들인 것처럼, 공부 좀 하고 가죽구두를 신고 설교단에 선 젊은 목회자는 자기 입에서 틀에 박힌 진부한 말이 나오지 않도록 신경 쓰느라고 진땀을 흘린다. 교인들은 목회자가 푸른 초장으로 이끌어주기를 기대하지만, 그는 그들이 모래뿐인 사막 위에서 선회(旋回)하도록 만든다.

다섯째, 진정한 영적 체험의 부재이다. 자기가 가본 곳 너머로 사람들을 이끌 수 있는 사람은 아무도 없다. 이것은 왜 많은 목회자들이 교인들을 인도하는 데 실패했는지를 설명해준다. 이런 목회자들은 어디로 가야 할지조차 모르는 것이다!

여섯째, 불충분한 준비이다. 제단에서 섬기는 일을 감당하기에는 문화적으로 준비가 되어 있지 못한 종교적 아마추어들이 교회 안에 아주 많기 때문에 교인들이 피해를 입는다. 교인들은 잘못된 길로 인도를 받으면서도 그 사실조차 모른다.

경건한 지도력이 거두어들일 수 있는 열매는 매우 많다. 그만큼 지도자의 책임이 무겁기 때문에 지도자의 문제는 그 누구도 가볍게 여겨서는 안 된다.

13
CHAPTER

연설가인가, 선지자인가

누군가 지적했듯이, 기독교의 목회자는 그리스 웅변가의 후예가 아니라 히브리 선지자의 후예이다. 연설가와 선지자의 차이점 중 대표적인 것을 꼽으라면, 연설가는 자기를 위해 말하고 선지자는 하나님을 위해 말한다는 것이다. 이것은 아주 근본적인 차이점이기도 하다. 연설가는 자기의 메시지를 스스로 만들어내며, 그것의 내용에 대해 자기 자신에게 책임을 진다. 반면 선지자는 메시지 자체를 만들어내지 않고 오직 하나님께 받은 메시지를 전한다. 메시지 자체에 대한 책임은 하나님이 지시고, 선지자는 오직 그 메시지의 전달에 대해 그분께 책임을 진다. 따라서 그는 메시지를 분명히 듣고 성실하게 전해야 한다. 이것은 중대한 책임이다. 물론 그는 사람들이 아닌 하나님 앞에서 책임을 진다.

양은 황금을 먹지 않는다

그러므로 설교자에게 "당신은 독창적입니다"라고 말하는 것은 그리 달갑지 않은 칭찬이다. 신학교를 갓 졸업한 많은 젊은이들은 오랜 세월에 걸쳐 시험받고 살아남은 메시지들이 따분하다고 느끼기 때문에 독창적인 메시지를 만들어내려고 몹시 애쓰지만, 이것은 덫에 걸려드는 것이다. 독창적 메시지라는 것은 불순물이 섞이지 않은 '말씀의 밀'을 거부하고 자기가 만들어낸 왕겨를 양 떼에게 먹이려는 것과 같다. 그것이 황금 왕겨일 수도 있겠지만, 그렇다 할지라도 왕겨는 영혼의 양식이 될 수 없다.

나는 신학교를 갓 졸업한 어떤 사람에 대한 이야기를 들었다. 그는 그의 늙은 교수의 조언에 따라 오직 말씀만을 전하겠다고 마음먹었다. 그의 청중은 평범했다. 어느 날 태풍이 그의 작은 마을을 강타했고, 그는 '왜 하나님께서 센터빌에 태풍을 보내셨는가?'라는 주제로 설교해야겠다는 유혹에 넘어가고 말았다. 그날, 교회에는 발 디딜 틈 없이 사람들이 모여들었다.

그 현상을 보고 마음이 흔들린 이 젊은 설교자는 늙은 교수를 찾아가 "이런 일이 있었는데, 이제 저는 어떻게 해야 합니까?"라고 조언을 구했다. 사람들이 교회로 적게 모여도 하나님의 말씀을 설교해야 하는지, 아니면 좀 더 자극적인 설교를 통해 교회를 가득 채워야 하는지에 대해 말이다. 생각이 조금도 바뀌지 않은 그 노교수는 이렇게 충고했다.

"자네가 성경 말씀을 전하면 설교의 주제가 언제까지나 떨어지지 않겠지만, 태풍이 오기를 기다려야 하는 입장이 된다면 설교거리가 바닥나기 십상일 것일세."

참된 설교자는 하나님의 사람으로서 사람들에게 말한다. 그는 하나님의 증거를 이 땅에 전하는 하늘의 사람이다. 하나님의 사람이기 때문에 그분의 말씀을 전할 수 있는 것이다. 그는 하늘로부터 받은 메시지의 의미를 깨달아 이 땅의 언어로 전달한다.

하늘의 메시지가 전달되면, 이 땅은 그 메시지를 듣는 자들의 도덕적 상태에 따라 다양한 반응을 보인다. 그들이 항상 그 메시지를 기쁘게 받는 것은 아니다. 그런 의미에서 하나님의 참된 사자(使者)의 성공의 기준은 세상 사람들의 성공의 기준과 다르다. 그가 능력 가운데 전한 메시지가 때로는 부메랑처럼 돌아와 그를 죽일 수도 있는데, 이에 대한 좋은 증거는 구약시대에 죽임을 당한 이스라엘 선지자들과 기독교 최초의 순교자 스데반이다.

목자를 부르시는 분은 주님이시다

진짜 목회자는 자기 스스로 목회자가 된 사람이 아니라 하나님의 주권적 선택에 따라 사명을 받은 자이다. 성경을 연구해본 사람은 아마도 "하나님의 부르심의 음성을 들은 사람들은 전부 또는 거의가 아주 싫어하면서 그분의 부르심에 따랐다"라고 결론 내릴 것이다.

설교단에 서지 못해 안달이 난 젊은이가 언뜻 보기에는 매우 신령하게 보일 수도 있겠지만, 사실은 목회의 신성한 본질에 대한 이해가 없는 사람일 수도 있다.

"피할 수만 있다면 설교자가 되지 말라"라는 옛 속담은 잘 적용되어 사용된다면 아직도 좋은 조언이다. 하나님이 어떤 사람을 목회자로 부르신다면 그 부르심은 부정할 수 없을 정도로 분명하며, 부름 받은 사람은 거의 그것에 저항할 수 없다. 모세는 하나님의 부르심에 강하게 저항했지만 결국 그의 안에 계신 성령의 강권하심에 굴복했다. 모세와 같은 경우가 성경의 다른 인물들에게서, 그리고 성경시대 이후 교회의 역사 속에서도 많이 발견된다. 기독교 전기들을 읽어보면, 나중에 위대한 기독교 지도자가 된 많은 이들이 처음에는 목회의 부담을 피하려고 무척 애쓴 것을 볼 수 있다. 선지자가 되겠다고 자청한 사람이 있었는가? 적어도 지금 이 순간 내 머리에는 그런 사람이 하나도 떠오르지 않는다. 참된 목회자는 마음을 짓

누르는 압박에 굴복해 "만일 복음을 전하지 아니하면 내게 화가 있을 것이로다"(고전 9:16)라고 외친다.

진정한 설교자가 되는 길은 오직 하나뿐이지만, 불행하게도 설교단으로 올라가는 길이 여러 개 있는 것이 우리의 현실이다. 그 여러 개의 길 중 하나는 종종 '설교단에 섰을 때 보기 좋은 풍채'를 갖는 것이다. 위엄 있는 풍채와 낭랑한 목소리를 갖추어 사람들의 지도자로 손색없어 보이는 많은 '키 큰 압살롬들'이 하나님께 부르심을 받지 못했으면서도 그분의 대언자가 되려고 애쓴다. 그들은 성령의 부르심이 아니라 사람들의 부름을 받고 나타난 자들이기 때문에 처참한 결과를 낳을 뿐이다.

또 어떤 사람들은 인류에 대한 사랑 때문에 설교자가 된다. 물론 그들의 인류애가 가짜는 아니지만, 그것은 전적으로 인간적인 인류애이다. 사회적 책임감이 강한 그들은 목회를 통해 자기의 책임을 가장 잘 감당할 수 있다고 믿는다. 인류애 때문에 목회를 하겠다는 것은 잘못된 동기에서 설교자가 되는 모든 경우들 중에서 그나마 가장 칭찬받을 만하지만, 이것도 역시 영적으로는 정당화될 수 없다. 원하는 자를 설교자로 부르시는 성령의 주권적 권리를 간과했기 때문이다.

교회가 세상을 불쌍히 여기는 마음에서 세상을 위해 봉사하는 것은 당연한 일이지만, 인도주의적 동기에서 그렇게 하는 것은 아니다. 교회의 동기는 인도주의보다 훨씬 고차원적인 것인데, 그 차이는 새 창조가 옛 창조보다 높은 것만큼 높다. 그리스도를 따르는 사람들이 인간의 영혼뿐 아니라 인간의 몸을 위해서도 봉사의 삶을 살아야 한다는 것은 기독교 정신의 본질적 부분이다. 하지만 하나님이 주시는 선지자적 메시지를 세상에 전하라고 부름 받는 것은 이런 봉사의 삶을 살라고 부름 받는 것과 전혀 다르다.

복음을 전하고 봉사하라는 부름은 모든 그리스도인에게 주어진다. 하지만 사람들에게 하나님의 음성을 전하라는 부름은 성령의 은사와 특별한 능력을 받은 사람들에게만 주어진다. 자비를 베푸는 일을 하는 사람들이 줄어들어서는 안 되지만, 하나님의 말씀을 듣고 그것을 인간의 언어로 전해줄 수 있는 사람들이 우리에게 더 많이 필요한 것도 사실이다.

14
CHAPTER

목회자에게 닥칠 수 있는 위험들

본래부터 위험한 직업들이 있다. 예를 들면 석탄을 캐는 일, 깊은 바다 속으로 뛰어드는 다이버의 일, 뾰족탑이나 굴뚝처럼 높은 곳에서 하는 일 같은 것들이다. 이런 일들을 하는 사람들이 어느 정도 위험에 노출되어 있다는 것은 누구나 아는 사실이다.

이런 일들에 비해 목회는 전혀 위험해 보이지 않는다. 신체적 위험의 측면에서 보자면, 가장 위험이 적은 축에 속할 것이다. 목회자는 어느 보험회사도 기피하지 않고 즉시 생명보험 가입을 허락할 정도로 안전한 직업으로 간주된다.

그러나 사실 목회자는 가장 위험스런 직업 중 하나이다. 마귀는 성령충만한 목회자를 미워한다. 어느 정도냐 하면, 그리스도 다음으로 미워한다. 그가 왜 이토록 목회자를 미워하는지 알아내는 것은 어렵지 않다. 그리스도를 닮은, 자기의 일을 제대로 해내는 목회자는 마귀에게 자꾸 당혹감을 안겨주고, 그의 통치에 위협이 되며, 그의 최고의 논리를 무너뜨리고, 장차 도래할 그의 멸망을 자꾸 생각나게 한다. 그러므로 그가 그런 목회자를 미워하는 것은 당연하다.

하나님의 선지자의 몰락이 자기에게 전략적 승리를 안겨준다는 것을 잘 아는 사탄은 목회자를 넘어뜨리기 위한 함정과 덫을 만들어내느라고 밤낮 쉬지 않고 일한다. 내가 방금 함정과 덫이라는 비유를 사용했지만, 아마 더 좋은 비유는 목회자를 마비시키기만 하는 독화살일 것이다. 사탄은 목회자를 완전히 죽이는 것에는 별로 관심이 없다. 사탄의 입장에서 볼 때, 자기 일도 제대로 못하는 반쯤 살아 있는 목회자가 죽어서 세상을 떠난 훌륭한 목회자보다 지옥 확장에 더 유리할 것이다. 우리의 원수는 때로 신체의 연약함을 통해 설교자의 영혼에 영향을 끼치기도 하지만, 설교자의 기본적인 위험은 신체적인 것이 아니라 정신적인 것이다.

치명적 위험들을 경계하라

목회자가 경계해야 할 '결코 만만하지 않고 더욱 추잡한 형태의 위험들'이 몇 가지 있기는 하지만(예를 들어 돈과 여자를 좋아하는 것), 정말로 치명적인 위험들은 이런 것들보다 훨씬 더 교묘하다. 이런 치명적 위험들에 대해 생각해보자.

1. 특권의식

우선, 목회자가 자신을 특권층에 속한 사람으로 여기게 될 위험이 있다. 기독교 사회라고 할 수 있는 우리 사회가 성직자를 예의상 높여주기도 하고, 또 성직자의 구매시 할인을 해주기도 하기 때문에 목회자가 이런 위험에 빠질 가능성이 더 커진다. 또 교회는 교회대로 여러 가지 듣기 좋은 경칭들을 하나님의 사람들에게 붙여줌으로써 이런 위험을 부채질한다(이런 경칭들은 생각하기에 따라서 우스꽝스럽기도 하고 경외심을 불러일으키기도 한다).

사실, 부지중에 자신을 특권층의 한 사람으로 여기는 것은 특히 목회자에게는 도저히 어울리지 않는 일이다. 그가 예수 그리스도의 이름을 내세우기 때문이다. 그리스도는 베풀고 섬기고 희생하고 죽기 위해 오셨다. 그분은 제자들에게 "아버지께서 나를 보내신 것같이 나도 너희를 보내노라"(요 20:21)라고 말씀하셨다. 설교자는 주님의 종이고, 또 교인들의 종이다. 이것을 망각하면 큰 도덕적 위험에 빠진다.

2. 열의 없는 태도

목회자가 빠질 수 있는 또 다른 위험은 주님의 일을 대충대충 겉치레로 하는 습관에 빠지는 것이다. 어떤 것에 친숙해지면 그것을 가볍게 대하는 인간의 못된 심리가 심지어 하나님의 제단에서도 나타날 수 있다. 목회자가 그의 일에 익숙해졌을 때, 경이감을 더 이상 느끼지 못하게 되었을 때, 특이한 것들이 더 이상 특이하게 느껴지지 않을 때, '높고 거룩하신 분'의 존전에서 더 이상 엄숙한 두려움을 느끼지 못할 때, 적나라하게 표현해서 하나님과 하늘의 일들에 약간 싫증이 날 때 목회자는 정말 무서운 상태에 빠진 것이다!

'설마 이런 일들이 목회자에게 일어날 수 있을까?'라고 의심하는 사람이 있다면, 구약성경을 읽어보라. 거룩한 신비에 대한 감각을 잃어버린 여호와의 제사장들이 그들의 거룩한 의무를 행할 때조차 불경스럽게 변하는 일이 때때로 일어났다는 걸 알게 될 것이다! 더욱이, 이렇게 열의 없이 형식적으로 하나님의 일을 처리하는 경향이 구약시대의 제사장 제도와 더불어 사라져버린 것이 아니라는 것은 교회의 역사에 의해 증명된다. 단지 먹고 살기 위해 하나님 집의 문을 지키고 있는 세속적인 목회자들이 여전히 우리 가운데 있다. 사탄은 이런 사람들이 없어지지 않게 하려고 애쓴다. 수만 명의 무신론자보다 이런 사람들이 더 하나님의 일을 망치기 때문이다.

3. 비현실에 갇힘

목회자가 빠질 수 있는 또 다른 위험은 그의 정신이 일반 사람들의 세계에서 유리(遊離)될 수 있다는 것이다. 이런 일은 기독교가 제도화되었기 때문에 일어난다. 목회자가 만나는 사람들은 거의 다 신앙인들이다. 신앙인들은 목회자와 한 자리에 있으면 조심하게 된다. 말 한 마디를 해도 좋은 말만 하고, 일시적으로 그들의 본래 모습을 감추고 목회자가 보기 원하는 모습만 보인다. 그러다 보니 사람들의 진짜 모습이 드러나지 않는 비현실적인 세계가 만들어지고, 그런 세계 속에서 오래 생활해온 목회자는 그것을 진짜 세계로 받아들이기 때문에 현실과 비현실의 차이를 모르게 된다.

이런 인위적인 세계에서 살다보면 끔찍한 결과들이 벌어질 수 있다. 격식 차리지 않고 나누는 일상적인 대화는 사라지고 세미나에서 나누는 것 같은 대화만 남게 된다. 우리 주님께서 그토록 사랑하셨던 보통 사람들은 사라지고, 처리해야 할 사건들과 상담 받으러 온 사람들만 남는다. 그리스도인들 사이의 모든 관계들에서 특징적으로 나타나야 할 솔직함과 꾸밈없음과 소박함은 찾아볼 수 없고, 교회가 일종의 종교적 진료소로 변해 버린다. 이런 분위기에서는 성령께서 일하실 수 없고, 결국 이것은 파괴적 결과를 가져온다. 그분의 일하심이 없는 목회는 "나무나 풀이나 짚"(고전 3:12)이 되어버리기 때문이다.

4. 동정심을 잃게 됨

우리가 생각해보아야 할 또 다른 위험은 목회자가 동정심이 없는 사람이 되어버릴 수도 있다는 것이다. 목회자의 태도가 추상적이고 학문적인 영역에 머물게 되면 '인류'는 사랑하지만 '눈에 가까이 보이는 사람들'은 사랑하지 않는 모순에 빠질 수 있다. 그리스도는 물론 이와 정반대셨다. 그분은 아기, 술집주인, 창녀 그리고 병자들을 사랑하셨다. 그분의 사랑은 마음에서 우러나온 것이었고, 구체적 개인들을 향하신 것이었다. 그분을 따른다고 주장하면서 그분과 다르게 사는 것은 용납될 수 없다.

5. 지식을 자랑함

목회자에게 닥칠 수 있는 또 다른 위험은 성도와 죄인이 아닌 종교적, 철학적 사상을 무의식적으로 사랑하게 될 수도 있다는 것이다. 세상의 잃어버린 사람들에 대해 '일정한 거리를 두는 애정'을 느끼는 일이 실제로 일어날 수 있는데, 이런 애정은 파브르(1823-1915. 프랑스의 곤충학자로서 유명한 《곤충기》를 남겼다) 같은 사람이 벌집을 가득 채운 벌들이나 흙더미 위를 기어 다니는 검은 개미들에 대해 느꼈던 애정과 다를 것이 없다.

이런 태도를 가진 설교자는 자기의 지식을 뽐내는 딱딱한 설교를 하기 십상이다. 이런 목회자는 그의 청중이 자기만큼 역사와 철학과 신학에 대해 잘 안다고 믿기 때문에 설교 중에 많은 지식을 동원하고, 대다수의 청중에게 낯선 책과 저자들을 무심코 언급하며, 교인들의 어리둥절한 표정을 자기의 박식함에 대한 감탄의 표시로 오해한다.

왜 신앙인들이 이런 한심한 현상을 참아주고 헌금까지 내면서 지지하는지 나는 도저히 이해되지 않는다. 내가 이해하지 못하는, 아마 앞으로도 결코 이해하지 못할 많은 것들에 이것까지 끼워 넣는 것이 차라리 내 마음을 편하게 한다.

6. 게으름

목회자에게 올무가 될 수 있는 또 다른 위험은 자기가 하고 싶은 대로 하면서 편하게 지내는 생활에 익숙해지는 것이다. 내가 이 문제에 대해 언급하면 불편해 할 사람들이 생길지도 모르겠다. 하지만 내게 친구들이 생기지 않는다 할지라도 나는 사람들을 옳은 방향으로 이끌어주고 싶다는 생각에서 이것을 지적하지 않을 수 없다.

목회자는 특권을 누리는 게으름뱅이로 전락하기 쉽다. 즉, 사람들에게 받기를 바라며 손을 벌리는 사회적 기생충이 되기 쉽다. 그에게는 눈에 보이는 직속상관이 없고, 정해진 시간에 반드시 출근해야 할 필요도 별로 없다. 그러다 보니 편하게 살아가는 생활습관에 완전히 빠져버려서 빈둥거리고, 중요하지 않은 일로 시간을 때우고, 장난치고, 졸고, 기분 내키는 대로 여기저기 돌아다니기 십상이다. 문제는 실제로 그런 사람이 많다는 데 있다.

이런 위험을 피하기 위해 목회자가 해야 할 것은 농부나 열심히 공부하는 학생이나 과학자처럼 고된 생활을 스스로 실행하는 것이다. 교회에 헌금을 내는 노동자들의 억센 삶에 미치지 못하는 편한 삶을 살 권리가 목회자에게는 없다. 차라리 과로사를 했으면 했지, 편하게 지내다 늙어 죽을 권리는 설교자에게 없다.

그런데 여기서 내가 조심스럽게 언급하고 싶은 것이 있는데, 그것은 일부 하나님의 사람들이 성령 안에서 일하는 법을 배워서 게으름과 과로사를 모두 피한 후 장수했다는 것이다. 이런 사람들의 이름을 말해보라면, 고대에는 모세와 사무엘이 있고, 가깝게는 존 웨슬리, 프랜시스 애스베리(1745-1816. 미국 감리교 감독교회의 초대 감독), A. B. 심슨 및 목회자 필폿이 있다. 이 사람들은 건강을 해치지 않으면서도 위대한 일을 이루었지만, 모든 사람들이 그들처럼 두 마리 토끼를 다 잡는 비결을 아는 것은 아니었다.

찰스 피니는 "하나님의 사람이 믿음의 퇴보에 빠진 교회의 무거운 짐을 지다보면 일찍 죽을 수도 있다"라고 솔직하게 가르쳤다. 그는 목회자의 책임을 벗겨주고 대신 교회에게 책임을 돌린 것이다. 우리가 그의 말에 동의를 하던 안 하던 간에 그의 확고한 신념을 가볍게 여겨서는 안 될 것이다.

7. 지나친 융통성과 지나친 엄격함

우리가 또 생각해보아야 할 두 가지 죄가 있는데 이 둘 중 어느 하나에 의해서도 목회자의 사역이 심각히 손상될 수 있다. 서로 상반되는 성격을 가진 이 두 가지 죄는 지나친 융통성과 지나친 엄격함이다. 이 두 암초 사이에 맑은 물이 흐르는 깊은 수로가 있으니, 이 수로를 찾아내는 사람은 복이 있다.

도덕이나 교리의 문제에서 신령하지 못한 교인들의 뜻에 굴복하는 것은 어두운 악이며, 육신적인 집사의 비위를 맞추기 위해 설교의 내용을 수정하는 것은 깊은 죄이다. 반면, 사소한 문제들에서 타협의 정신을 발휘하지 않고 고집을 부리는 것은 야고보 사도가 가르치는 지혜에서 완전히 벗어나는 것이다. 야고보는 "오직 위로부터 난 지혜는 첫째 성결하고 다음에 화평하고 관용하고 양순하며 긍휼과 선한 열매가 가득하고 편견과 거짓이 없나니"(약 3:17)라고 가르쳤다.

지나친 엄격함의 악에 대해 토머스 아 켐피스는 다음과 같이 지적했다.

모든 이들은 자기의 취향에 맞는 것을 즐겁게 행하고, 대개 자기의 마음에서 나오는 것들 쪽으로 기울어진다. 이것은 사실이다. … 하지만 하나님이 우리 가운데 계시다면, 우리는 평안을 위해 때때로 우리의 견해에 대한 집착을 버려야 한다. 모든 것을 다 알 정도로 지혜로운 사람이 어디에 있겠는가? 그러므로 당신의 견해를 너무 과신하지 말고 다른 이들의 판단에 기꺼이 귀를 기울여라.

8. 우쭐함과 낙심함

하나님의 사람에게 찾아올 수 있는 다른 두 가지 위험이 또 있는데 이것들 역시 서로 상반된다. 하나는 성공해서 우쭐하는 것이고, 다른 하나는 실패해서 낙심하는 것이다.

우쭐해지거나 낙심하는 것이 사소한 일이라고 생각하는 독자들이 있을지 모르겠으나, 기독교 목회의 역사를 보면 생각이 달라질 것이다. 이 두 가지는 매우 위험하기 때문에 극도로 경계해야 한다. 제자들이 열정으로 충만해 그리스도께 돌아와 "주여 주의 이름이면 귀신들도 우리에게 항복하더이다"(눅 10:17)라고 말했을 때, 그분은 성공에 도취해 자신을 과대평가했던 또 다른 존재를 그들에게 상기시키셨다. 그분은 "사탄이 하늘로부터 번개같이 떨어지는 것을 내가 보았노라 … 그러나 귀신들이 너희에게 항복하는 것으로 기뻐하지 말고 너희 이름이 하늘에 기록된 것으로 기뻐하라"(눅 10:18, 20)라고 말씀하셨다.

    이 한 쌍의 죄들 중 두 번째 것은 길게 논할 필요도 없다. 모든 복음의 일꾼은 자신의 수고가 아무 열매를 맺지 못하는 것처럼 보일 때에도 신령한 상태를 계속 유지하는 것이 얼마나 힘든 것인지를 잘 알고 있다. 하지만 그는 흉년에도 대단한 성공을 거둘 때만큼 하나님을 기뻐해야 한다.

    내가 이 글을 쓴 목적은 사람들을 비난하거나 깎아내리는 것이 아니라 위험을 지적하려는 것이다. 우리 모두는 마귀의 악의에 찬 증오의 대상이 되었기 때문에 우리가 안전하려면 자신을 낮추고 서로에게서 도움을 얻는 방법밖에 없다. 심지어는 나만큼 약한 사람에게서도, 또 나만큼 큰 위험에 처한 사람에게서도 날마다 도움을 받아야 할 것이다.

PART

3

GOD TELLS THE MAN WHO CARES

여전히 좁은 길을 걷는가

15
CHAPTER

속이는 자와의 전쟁

이 위험한 시대에 그리스도를 따르는 우리는 전쟁 중에 있으며, 이 전쟁의 전선은 여러 방면에 걸쳐 형성되어 있다. 그래서 한 지역에서 전투가 사그라지기 무섭게 다른 지역들에서 전투의 불길이 확 솟아오른다. 도처에 도사리고 있으면서 여러 모양으로 나타나는 적(敵)들은 그의 악한 목적을 이루는 데 가장 유리한 모양을 취하기 때문에 친구로 오인되기도 한다.

원래 군인들은 자부심을 갖고 자기 나라의 군복을 입기 때문에 그들의 모습만 보아도 어느 나라의 군인인지 구별되었다. 그러나 제2차 세계대전 때 나치 독일의 군인들이 때때로 연합군의 군복을 입고 위장하면서 일부 연합국 군인들이 방심하다가 죽임을 당했다. 그런데 이런 식의 속임수를 처음 사용한 것은 나치가 아니다. 이런 속임수는 마귀가 친구의 모습으로 위장하고 인류의 어머니 하와를 속여 인류를 타락의 구렁텅이로 몰아넣었던 에덴동산에서 처음 시작되었다.

교회에 들어온 속임수

속이는 것은 언제나 효과적인 무기였는데, 이것이 종교의 영역에서 사용되면 치명적인 결과를 가져온다. 이에 대해 우리의 주님은 "거짓 선지자들을 삼가라 양의 옷을 입고 너희에게 나아오나 속에는 노략질하는 이리라"(마 7:15)라고 경고하셨다. 이 말씀이 널리 퍼져 속담으로까지 발전해 세상 사람들의 입에 오르내리지만, 우리는 여전히 이리들에게 속고 있다.

그리 오래 전이라고도 할 수 없는 1920년대와 1930년대에는 그리스도인이 자기가 어디에 서 있는지를 알거나, 적어도 그것을 알 수 있는 가능성을 가지고 있었다. 당시에는 사람들이 그리스도의 말씀을 심각하게 받아들였다. 신약의 교리에 비추어볼 때, 어떤 사람이 신자인지 아닌지가 분명했다. 분명하고 뚜렷한 범주(範疇)들이 존재했다. 검은 색은 흰색과 완전히 대조되었고, 빛은 어둠과 구별되었다. 옳은 것과 그른 것, 진리와 오류, 참된 신자와 불신자를 구별하는 것이 가능했다. 그리스도인들은 자기들이 세상을 버려야 한다는 것을 알았고, 세상이 무엇을 의미하는지에 대해 분명한 합의가 가능했다. 복잡할 것이 전혀 없었다.

그런데 지난 20년 동안 조용하지만 큰 변화가 일어났다. 기독교의 교리를 단 한 가지도 부정하지 않으면서도 무수한 그리스도인들이 믿음을 버렸고, 현대주의자들만큼이나 잘못된 길로 깊이 들어가 버렸다. 차라리 현대주의자들은 적어도 솔직하게 성경을 거부하면서 성경 말씀을 어긴다.

그러나 이제 우리의 유명한 설교자와 선생 중에서도 복화술을 자유자재로 사용하는 사람들이 많아지면서 그들의 음성을 어떤 방향에서라도 들려오게 만들 수 있게 되었다. 그들은 신앙적 사고(思考)의 전통적 범주들을 버렸다. 그들에게는 검은색도 흰색도 없고 오직 회색만 있다. 그들은 "나는 그리스도를 영접했습니다"라고 주장하는 사람이 생기면, 그 사람의 세속적인 생활 태도나 모호한 교리적 입장을 문제 삼지 않고 선지자들의 경건한 모임과 사도들의 영광스런 무리 속으로 즉시 받아들인다.

나는 그중 몇몇 강사들의 메시지를 들어보았고, 그들의 교훈을 이루는 재료들이 무엇인지를 알게 되었다. 프로이트의 이론 조금, 약간의 에밀 쿠에(1857-1926. 낙관적 자기암시에 근거한 심리치료와 자기개선의 방법을 도입한 프랑스의 심리학자이자 약사), '물 타기'로 희석시킨 휴머니즘 잔뜩, 에머슨(1803-1882. 미국의 사상가 및 시인)의 선험론을 부드러운 덩어리로 만들어놓은 것,

데일 카네기(1888-1955. 미국의 저술가, 강사 및 경영컨설턴트) 냄새를 풍기는 자기암시, 희망을 갖자는 이야기와 종교적 감상주의를 잔뜩 늘어놓는 것들이었다.

그들에게는 냉철함과 날카로움과 구체성이 전혀 없었고, 그리스도와 베드로와 바울이 요구했던 양자택일의 결단 같은 것은 더더욱 찾아볼 수 없었다. "누구든지 여호와의 편에 있는 자는 내게로 나아오라"(출 32:26)라고 말한 모세와 "너희가 섬길 자를 오늘 택하라"(수 24:15)라고 촉구한 여호수아의 정신도 없었다. 있는 것이라고는 "예수님을 받아들이고 당신의 문제 해결을 그분께 맡기십시오"라는 부드러운 간청뿐이었다.

내가 지금 묘사하는 사람들이 이단이나 자유주의자라면 내가 굳이 언급할 필요조차 없겠지만, 문제는 그들 중 많은 이들이 자칭 복음주의자들이라는 데 있다. 그들에게 따져 물으면 그들은 자기들이 성경을 믿고 역사적 기독교 신앙의 모든 교리를 받아들인다고 주장할 것이다. 하지만 당신이 그들의 가르침을 들어보면 의문을 품지 않을 수 없을 것이다. 그들은 건전한 신학의 반석 없이 그저 모래 위에 집을 짓고 있다!

회개 없는 구원은 없다

현재 복음주의 집단에 속한 사람들의 입에서 흔히 나오는 말은 "사랑만이 중요하므로 올바른 의도를 가진 사람이라면 누구든지 교회 안으로 받아들여야 한다. 그가 성경을 읽고 예수님을 신뢰하고 기도할 준비가 되어 있다면 그의 교리적 입장을 문제 삼지 말아야 한다"라는 것이다. 타락한 인간의 '회개하지 않은 동정심'은 이런 이상야릇한 신조를 열렬히 받아들이지만, 성경은 이런 것을 전혀 가르치지 않는다.

사도 바울은 "망령되고 헛된 말"(딤전 6:20)에 대해 경고하면서, 그 예로 후메내오와 빌레도의 말을 들었다. 바울에 의하면, 그들의 말은 독한 창질의 썩어져감과 같고 어떤 사람들의 믿음을 무너뜨린다(참조, 딤후 2:17). 그들의 잘못이 무엇이었는가? 몸의 부활을 부정하고 정신적 부활을 가르친 것이다!

옛날에 어떤 성직자가 이렇게 말했다.

"다른 죄인들에게 선수(先手)를 쳐서 그들보다 먼저 지옥에 도착하기 원하는 사람이 있다면, 그는 이단 교리의 바람에 맞춰 배의 돛을 올리기만 하면 된다. 그러면 그의 지옥행 항해는 최단시간 안에 이루어질 것이다. 이단 교리를 계속 붙드는 자들에게는 멸망이 신속히 임하기 때문이다."

이 성직자의 견해는 복음주의자처럼 보이는 신종 자유주의자들의 견해보다 사도 바울의 견해에 더 가깝다. 십자가의 길은 여전히 좁다.

16
CHAPTER

지혜롭고
용기 있는 분열

언제 연합하고 언제 분열할 것인가? 그것이 문제이다. 이에 대한 올바른 대답을 얻으려면 솔로몬 같은 사람의 지혜가 필요하다. 그저 대충 생각하는 사람들은 모든 연합은 좋고 모든 분열은 나쁘다고 결론 내린다. 그들에게는 이 문제가 어렵지 않다. 그러나 이 문제를 아주 편하게 해결하려는 이런 태도는 역사의 교훈을 무시하는 것이며, 인간의 삶을 지배하는 정신적 법칙을 간과하는 것이다.

선한 사람들이 모두 연합을 지지하고 악한 사람들이 모두 분열을 지지한다면, 또는 그 반대라면 우리가 고민할 필요는 없을 것이다. 하나님께서는 언제나 연합시키시고 마귀는 언제나 분열시킨다는 것이 증명된다면, 뒤죽박죽된 이 혼란스런 세상에서 우리의 길을 찾아 나아가는 일이 쉬울 것이다. 하지만 문제가 그렇게 간단하지는 않다.

마땅히 나누어야 할 것을 나누고, 마땅히 연합해야 할 것을 연합하는 것은 지혜가 해야 할 일이다. 이질적인 요소들을 합치는 것은 비록 그것이 가능하다 할지라도 선한 것이 못 되며, 동질적인 요소들을 제멋대로 나누는 것도 역시 선하지 못하다. 이것은 과학이나 정치의 분야에 해당되는 진리이면서 동시에 도덕이나 종교에도 해당되는 진리이다.

함께할 수 없는 빛과 어둠

분열을 최초로 일으키신 분은 하나님이시다. 그분은 창조 때에 빛과 어둠을 나누셨다. 이 나눔은 그분이 자연의 영역과 은혜의 영역에서 앞으로 어떻게 행하실 것인지를 보여주는 좋은 잣대가 되었다. 빛과 어둠은 양립할 수 없다. 동일한 장소에서 동시에 빛과 어둠을 가지는 것은 불가능하다. 이런 일을 시도한다면 결국 둘 중 어느 하나도 가질 수 없고, 흐릿함과 희미함만 남게 될 것이다.

오늘날의 세상에서는 뚜렷함을 좀처럼 찾아보기 힘들다. 인류는 타락한 존재이고, 죄는 혼란을 가져왔으며, 밀이 잡초와 함께 자라고, 양과 염소가 공존한다. 의인의 농장과 불의한 자의 농장이 나란히 있고, 선교회 건물 옆에 술집이 있다.

그러나 언제까지나 그렇지는 않을 것이다. 양과 염소가 나뉘고 밀과 잡초가 구분되는 때가 올 것이다. 하나님께서 다시 한 번 더 빛과 어둠을 나누실 것이고, 만물은 그 종류대로 모일 것이다. 잡초는 잡초끼리 모아 불 속에 던져질 것이고, 밀은 밀끼리 창고로 들어갈 것이다. 흐릿함이 안개 걷히듯 걷히고, 모든 것들이 뚜렷이 드러날 것이다. 지옥이 속속들이 드러날 것이고, 천국은 하나님의 성품을 가진 사람들 모두의 유일한 본향으로 드러날 것이다. 우리는 그때가 올 때까지 인내하며 기다린다.

나뉠 것은 나뉘어야 한다

그렇다면 그때가 올 때까지 우리 각 사람이 반복적으로 던져야 할 질문은 무엇일까? 교회가 존재하는 곳이라면 인간 사회 어디에서나 끊임없이 제기되어야 할 질문은 무엇일까? 그것은 '우리가 무엇과 연합하고 무엇과 결별해야 하는가'라는 질문이다(물론, 이 질문 안에는 공존의 문제가 아니라 다만 연합과 교제의 문제가 포함된다).

밀과 잡초가 같은 장소에서 자라지만, 이 둘이 교차 수분(受粉)할 것인가? 양과 염소가 서로 가까운 데서 풀을 뜯어먹는다고 이 둘의 이종교배(異種交配)를 시도할 것인가? 의로운 자들과 불의한 자들이 동일한 햇빛과 비를 즐거워하지만, 서로

간의 깊은 도덕적 차이를 망각하고 결혼할 것인가?

이런 질문들에 일반 사람들은 "그렇다"라고 대답하면서 다음과 같이 말할 것이다.

"무조건 연합하고 보라. 그러면 결국 사람들이 형제가 될 것이다. 사람들을 갈라놓을 만큼 중요한 것은 이 세상에 없다. 그러므로 어떤 대가를 치르더라도 연합을 이루어야 한다."

이렇게 말하는 사람들은 천국과 지옥의 결혼을 기념하는 잔치를 벌이고자 진리를 죽이고, 하나님의 말씀이 전혀 지지하지 않는 연합의 개념을 옹호하기 위해 모든 것을 제물로 바친다.

그러나 성령의 조명을 받은 교회는 이런 사람들처럼 되지 않는다. 이 타락한 세상에서, 연합은 진리를 훼손하면서까지 추구해야 할 보물이 아니다. 하나님께 충성하고, 진리에 충실하며, 선한 양심을 지키는 것이 오빌(Ophir)의 금이나 광산에서 캐낸 다이아몬드보다 더 귀하다.

이토록 귀한 것을 지키기 위해 신앙인들은 재산의 몰수나 감옥살이, 심지어는 죽음까지도 감수했다. 최근에도 이 보물을 지키기 위해 최후의 순간까지 헌신하며 조용히 죽어간 그리스도인들이 있다.

세상은 그들의 고통과 죽음을 알아주거나 칭송하지 않지만, 하늘의 아버지께서는 알아주시고 귀하게 여기신다. 모든 인간의 은밀한 것들이 드러나는 그날이 오면, 그들은 이 세상에서 몸으로 행한 선한 일들에 대해 상을 받을 것이다. 확실히 이런 사람들은 의미 없는 연합에 동조하는 종교인들보다 더 지혜로운 철학자들이다. 그런 종교인들은 유행하는 사상을 좇으며 형제애 타령을 하지만 시류(時流)에 저항할 용기는 없는 사람들이다.

연합시켜 정복하려는 궤계

"분열시켜서 정복하라"라는 말은 마키아벨리(1469-1527. 권력 쟁취를 위해서는 비도덕적인 방법이 흔히 필요하다고 역설한 《군주론》을 쓴 이탈리아의 정치 사상가)의 조언을 따르는 정치지도자들의 이기적인 슬로건이지만, 사탄은 '연합시켜서 정복하는 방법'도 알고 있다. 독재자가 되기를 꿈꾸는 자가 그의 나라를 완전히 장악하려면 그 나라를 연합시켜야 한다. 이런 선동 정치가가 국민을 연합시켜 자기의 세력으로 만드는 데 성공하려면, 국가적 자존심에 계속 호소하거나 과거 또는 현재의 억울한 일을 바로잡아야 한다고 역설하는 방법을 사용해야 한다. 이런 방법을 사용하면, 아주 수월하게 군대를 장악하고 입법부를 굴복시킬 수 있을 것이다.

그런 다음에는 거의 완벽한 연합이 찾아오겠지만, 이런 연합은 가축 수용소, 혹은 히틀러의 유대인 수용소 같은 곳에서나 볼 수 있는 연합에 불과하다. 우리는 이런 일이 실제로 몇 번 일어난 것을 금세기에 목격했다. 그리고 장차 적그리스도 아래에서 이 땅의 나라들이 하나로 연합할 때, 이런 일을 적어도 한 번 이상 보게 될 것이다.

혼란에 빠진 양 떼가 낭떠러지를 향해 달려갈 때, 그 속에 있는 한 마리 양이 살 수 있는 유일한 길은 그 양 떼에서 이탈하는 것뿐이다. 잘못된 연합은 모두의 멸망을 초래한다. 자신의 구원이 어디에 있는지 아는 양은 전체에서 이탈한다.

동질적인 것들은 연합하고 이질적인 것들은 서로 나뉠 때 힘이 생긴다. 오늘날 기독교 단체들에게 필요한 것은 '연합의 증가'가 아니라 '지혜롭고 용기 있는 분열'인지도 모른다. 물론 평화는 모든 이가 바라는 것이지만, 검(劍)이 있은 후에 부흥이 찾아올 수도 있다는 것을 기억하라.

17 CHAPTER

인위적 분열은 해악이다

바로 앞 장(章)에서 나는 어떤 상황들에서는 분열이 득이 될 수도 있다는 점을 지적했는데, 이 문제에 대해 좀 더 설명을 덧붙이고 싶다. 내가 볼 때, 복음주의자들은 두 가지 심각한 실수를 범하고 있다. 하나는 연합이 있어서는 안 되는 상황에서 연합을 주장하는 것이고, 다른 하나는 어떤 정당성도 없이 인위적으로 분열을 일으키는 것이다.

그리스도 안에서 유기적으로 연합된 신자들

우리에게 한 가지 복된 사실은 그리스도 예수 안에 있는 모든 참된 신자들이 유기적으로 연합한다는 것이다. 하나님의 자녀가 이것에 대해 아무리 배우지 못했다 할지라도, 또 그들이 인위적 장벽들에 가로막혀 아무리 멀리 떨어져 있다 할지라도 그들은 모두 그리스도의 지체(肢體)들로서 하나이다. 이것은 사람의 손이나 발이나 눈이나 귀가 몸의 지체로 있는 한 모두 하나인 것과 같은 이치이다.

그리스도 안에 있는 연합은 우리가 성취해야 하는 것이 아니라 우리가 인식하고 인정해야 하는 것이다. 이것을 아주 분명히 밝힌 것이 사도 바울이 쓴 고린도전서 12장과 에베소서 4장이라고 나는 믿는다.

예루살렘 교회는 신자들의 연합을 당연한 것으로 받아들였다. 사도행전은 "믿는 사람이 다 함께 있어 모든 물건을 서로 통용하고"(행 2:44)라고 말한다. 이 기록은 초대교회 그리스도인들에게서 처음 나타났던 순수한 태도를 아주 잘 묘사해 준다. 바울은 그의 서신들에서 이런 연합에 대한 신학적 설명을 제시했지만, '연합에 대한 설명'보다 몇 년 앞선 것은 '연합의 사실'이었다.

에베소의 신자들에게 편지를 쓰면서 바울은 그들에게 "연합을 이루기 위해 힘써라"라고 권면하지 않았다. 오히려 "평안의 매는 줄로 성령이 하나 되게 하신 것을 힘써 지키라"(엡 4:3)라고 권면하면서, 그렇게 해야 할 이유에 대해 "몸이 하나요 성령도 한 분이시니 이와 같이 너희가 부르심의 한 소망 안에서 부르심을 받았느니라 주도 한 분이시요 믿음도 하나요 세례도 하나요 하나님도 한 분이시니 곧 만유의 아버지시라"(엡 4:4-6)라고 설명했다. 하나님의 아들들은 서로 형제가 되기 위해서가 아니라, 이미 형제가 되었기 때문에 서로 형제로서 지내야 한다.

그러므로 교회의 분열을 초래하는 것은 그 무엇이든지 악이다. 교회는 한 몸이기 때문이다. 아무리 해가 없어 보이는 것이라 할지라도, 아무리 유익해 보이는 것이라 할지라도 교회의 분열은 악이다. 그러나 많은 복음주의적 교회가 서로 분열되어 각자 따로 지내거나, 심지어 적대적 관계 속에서 살아가고 일한다. 온 교인들이 연합해 예배하고 봉사할 수 있는 시간과 장소조차 없는 교회들도 일부 있는데, 이런 교회들은 그런 연합이 불가능하도록 조직되어 있다.

어떤 이유 때문이든, 개교회의 교인들을 몇몇 그룹으로 나누는 것은 좋지 않다. 처음에는 그런 그룹들을 만드는 것이 필요해 보일 수도 있다. 또 교인들을 그런 그룹들로 나누면 실제적인 유익이 많이 생긴다는 것을 쉽게 입증할 수도 있을 것이다. 그러나 그러다 보면, 사람들의 마음속에서 이내 '끼리끼리 정서'가 싹트고, 그것이 점점 커지고 굳어져서 결국에는 자기들이 동일한 교회의 교인들이라는 생각조차 잊어버릴 것이다. 그들 모두가 머리로는 연합의 교리를 믿을지 몰라도 이미 연합에 금이 갔기 때문에 서로 분리되어 있다는 느낌과 생각을 떨쳐버릴 수 없을 것이다.

교회에 해악을 끼치는 분열

이런 악이 나타나는 한 가지 현상을 꼽으라면 교인들을 연령에 따라 나누는 것이다. 내가 아는 한, 구약시대의 히브리 예배자들이나 신약시대의 교회는 연령에 따라 신자들을 나누어 예배드리지는 않았다. 연령에 따라 그룹으로 나누는 것은 젊음을 높이고 노령을 약간 부끄러운 것으로 여기는 오늘날의 풍조와 더불어 생겨난 것 같다. 말이 나와서 하는 말인데, 이런 풍조는 지난 반세기에 있었던 '아이들의 반항' 뒤에 나타났다. 이런 반항에 대해 사도 바울은 이미 1900년 전에 예언했다.

젊은층과 노령층 사이의 분열이 일부 교회들에서는 아주 심각해졌기 때문에 교회의 서로 다른 장소에서 모이며 서로에게 불편한 눈길을 던지고 있다. 이런 지경이니 그들 사이에 영적 교제는 있을 수가 없게 된다.

젊은층과 노령층이 모두 참된 그리스도인이라면 이 두 그룹 사이의 '영적 연합'이 깨어진 것은 아니지만, 현실적으로는 '연합의 정신'이 깨어졌기 때문에 주님은 슬퍼하시고 교회는 약화된다. 더욱 유감스러운 것은 현재의 많은 기독교 교육이 분열을 가속화시키고 부추긴다는 것이다.

교회에게 해악을 끼치는 또 다른 요소는 세상에서의 직업에 따라 교인들을 그룹으로 나누는 것이다. 직업에 따라, 예를 들면 기술직이나 지적(知的) 전문직에 따라 교회 안에서 협회 같은 것을 만드는 것은 아주 좋지 않다. 하지만 세상의 이런저런 분야에서 교제의 장(場)을 제공하기 위해 개교회 밖에서 조직들을 만드는 것은 '유사(類似) 기독교 사회'라고 할 수 있는 미국 같은 곳에서는 나름 유용하다. 예를 들면, 대학교 안에 생기는 학생 동아리나 군대 안에서 그리스도인의 교제와 복음증거를 위해 만들어지는 단체 같은 것들 말이다. 이런 조직들은 그리스도인들을 분열시키지 않고 오히려 연합시키기 때문에 이 장에서 지적하는 비판의 대상에 들지 않는다.

그런데 더 깊고 광범위하게 영향을 미치는 것은 모든 교파들에서 나타나는 아주 오래된 관습으로, 그리스도인들을 두 계급(평신도와 성직자)으로 나누는 것이다. 이것은 부분적인 진리에 기인한 것인데, 고치기가 아주 힘들다.

하나님께서 교회에서 어떤 이들을 사도로, 선지자로, 복음전도자로, 목회자로, 그리고 교사로 세우시고 성도의 모임에서 그들에게 일정한 제한된 권위를 부여하신 것은 사실이다. 그러나 그들이 우월한 계급 또는 특권을 받은 계급이라는 개념은 완전히 잘못된 것이다. 분명히 그들은 그런 계급이 아니지만, 교회 안에서 그들이 수행하는 역할을 보고 사람들은 그들을 그런 계급으로 오해하기 쉽고, 그런 오해는 분열을 조장하게 된다.

 이 장에서 나는 사람들이 만들어낸 분열을 세 가지만 지적했다. 하지만 기민한 독자는 교회 안에서 일어나는 근거 없는 분열이 빚어내는 더 많은 해악들을 어렵지 않게 찾아낼 수 있을 것이다.

CHAPTER 18

세상에 바쳤던
충성을 거둬들이라

현재 일부 지역들에서는 법에 의해 시행되기도 하는, 꽤 부자연스런 '인종들 간의 사랑의 잔치'라는 것이 열린다. 그런데 이런 잔치가 시작되기 2천 년 전에 이미 유대인 사도 바울은 아테네의 헬라인들에게 "하나님께서는 … 인류의 모든 족속을 한 혈통으로 만드사 온 땅에 살게 하시고"(행 17:24,26)라고 말했다. 그러므로 현대 사회학이 발견한 '만인의 연합과 평등'이라는 개념은 일부의 주장처럼 새로운 선진적 개념도 아니고 인간의 진보의 증거도 아니며, 이미 옛날부터 있던 개념이다.

만인이 한 뿌리에서 나왔다는 성경의 가르침은 인류가 한 형제라는 오늘날의 모든 사려 깊은 가르침을 이미 수천 년 앞지른 것이다(성경이 시대적으로 앞선 것은 다른 분야들에서도 나타난다).

한 뿌리에서 나온 인류

창세기는 아담과 하와 부부에서 인류가 시작되었다는 것을 역사적 사실로 못 박는다. 지금까지 살았던 모든 사람들, 그리고 현재 살고 있는 모든 이들은 이 최초의 조상에게서 나왔다. 성경에 의하면, 사람과 사람 사이에 근본적 차이점을 만들어놓을 수 있는 어떤 유전적 특징이 아담 외의 다른 혈통을 통해 인간 유기체 속으로 들어온 적은 없다. 노아의 홍수 이전에 하나님은 땅의 모든 거주민을 '사람'이라는 총칭으로 표현하셨다.

"여호와께서 사람의 죄악이 세상에 가득함과 그의 마음으로 생각하는 모든 계획이 항상 악할 뿐임을 보시고"(창 6:5).

노아 홍수 이후에도 하나님은 다시 모든 민족들을 '사람'이라고 부르셨다.

"다른 사람의 피를 흘리면 그 사람의 피도 흘릴 것이니 이는 하나님이 자기 형상대로 사람을 지으셨음이니라"(창 9:6).

그 후 하나님께서 그분의 높은 목적을 이루시기 위해 이스라엘 민족을 다른 모든 민족들로부터 구별해 내셨지만, 그렇다고 해서 유대인과 이방인 사이에 어떤 생물학적 차이가 생긴 것은 아니었다. 그런 차이가 생기는 것은 불가능했다. 만인은 아담의 허리에서 나왔고, 인간의 원형에 따라 태어난다. 양자 됨, 영광, 언약들, 율법의 수여(授與), 하나님을 섬김, 약속들이 이스라엘에게 주어졌고, 이스라엘을 통해 구속자가 오신 것이 사실이다. 그럼에도 불구하고 이스라엘은 인류의 나머지 모든 사람들과 생물학적으로 하나이다. 그리스도께서는 이것을 아셨기 때문에 자신을 '인자'(人子)라고 부르셨다. 그분이 '이스라엘'을 통해 오신 것은 맞지만, '인류'를 찾아오신 것이다.

근본적으로 만인은 하나이다. 그들은 모두 창조된 생명의 동일한 종(種)에 속하며, 그들을 이어주는 근본적 연합에서 빠져나올 수 없다. 그들 사이에 치열한 전쟁이 일어날 때도 물론 있지만, 그래도 그들은 창조된 생명의 어떤 다른 종(種)보다 서로 간에 훨씬 더 가깝다. 모두가 아담 안에서 형제들이다.

타락한 존재들의 연합

그런데 이 사실을 안다고 해서 개인이나 인종이나 국가들 사이의 차이점들이 말끔히 사라지는 것은 결코 아니다. 이런 차이점들은 부수적인 것이며, 인류의 공통적 생명의 표피에 속한다. 생리학적 관점에서 말하자면, 이런 차이점들은 크기, 체형, 두개골의 구조, 특히 피부색과 관련이 있다. 이런 차이점들에 수 세기에 걸쳐 정치적 연대나 언어나 사회적 관습 같은 차이점들까지 덧붙여졌다. 이런 모든 차이점들이 사소한 것으로 간주되어 아무 문제도 일으키지 않는 경우들도 있지만, 때로는 아주 중요한 것으로 보여 인간들 사이에 끝없는 비극을 낳

기도 한다. 가인은 여전히 아벨을 죽이고, 야곱은 지금도 에서를 속여 장자권을 빼앗는다. 이제까지 늘 그랬고, 앞으로도 언제나 그럴 것이다. 이상 사회를 부르짖는 몽상가들이 아무리 자기들 멋대로 떠들어대도 말이다.

도대체 왜 늘 그럴 수밖에 없는가? 그 이유는 인류가 도덕적으로나 영적으로 타락했기 때문이다. 사람들이 자주 입에 올리는 인류의 형제 관계라는 것은 타락한 사람들의 형제 관계이다. "기도를 통해 세상이 하나가 될 것이다"와 같은 가사를 담은 짧은 감상적 노래들이 표현하는 희망이 현실로 이루어진다 할지라도, 그 '하나 된 세상'은 타락한 세상에 불과할 것이다. 국제연합(the United Nations: 말 그대로의 뜻은 '연합된 국가들')이 정말로 연합된다 할지라도, 그것은 하나님께 반역하는 국가들의 동맹에 불과할 것이다.

오늘날 아주 많은 사이비 철학자들이 "인류는 한 형제다!"라고 그토록 구슬프게 읊어대지만, 인류를 형제로 보는 이 개념은 우리에게 위로를 주는 것이 아니라 오히려 하나님을 두려워하는 마음을 우리에게 불어넣어야 한다. 내가 이렇게 말하는 이유는 사도 바울이 이미 오래 전에 성령의 감동에 의해 이렇게 썼기 때문이다.

"한 사람으로 말미암아 죄가 세상에 들어오고 죄로 말미암아 사망이 들어왔나니 이와 같이 모든 사람이 죄를 지었으므로 사망이 모든 사람에게 이르렀느니라"(롬 5:12).

인류 전체가 하나로 똘똘 뭉쳐봤자 인류의 구성원 모두에게 보편적 정죄가 내려질 뿐이다.

복음의 요구사항

이상한 말처럼 들릴 수도 있겠지만, 우리 모두를 위한 희망은 인류가 하나로 똘똘 뭉치는 것이 아니라, 세상에게 바치는 충성을 완전히 철회하는 것이다. 정죄 받은 사람들과의 형제 관계에 매달리다 보면 결국 그들과 함께 죽는 것밖에 없다.

기독교 메시지에 사용되는 단어들 중 아주 의미심장한 것들이 있다. 그것들은 '~로부터'(from), '~밖으로'(out), '~에게로'(unto)라는 작은 전치사들이다. 신약에서 선포되는 복음의 제1 요구사항은 '죄로부터'(from sin) 돌이켜 회개하라는 것이고, 그 다음 요구사항은 '세상으로부터' 분리하라는 것이다. 타락한 인간이 그의 소망을 인류의 '하나 됨으로부터' 끊어내어 그리스도께 고정시킬 때 비로소 죄 사함의 기쁨을 알게 될 것이고, 하나님과 화목했다는 깊은 평안을 맛보게 될 것이다. '어딘가에 도달하기'(come unto) 위해서는 '어딘가에서 밖으로 나와야'(come out) 한다.

인류의 형제 관계는 기정사실이지만, 그 기정사실은 인류에게 아무런 희망을 주지 못한다. 오히려 그리스도께서는 정죄 받은 옛 형제 관계에서 빠져나와 그분께 오라고 부르신다. 이렇게 부르시는 목적은 그렇게 빠져나온 사람들로 한 민족을 이루어 그분의 소유로 삼으시기 위함이다. 그들은 속량 받고 거듭난 사람들로, 그들이 구원받은 것은 아담과의 본래의 연합을 계속 굳게 했기 때문이 아니라 오히려 그것을 끊어버렸기 때문이다. 이러한 사람들 전체가 모여서 이루는 것이 새 인류이다.

노아의 방주가 홍수로 불어난 물과 연결되어 있으면서도 분리되었던 것처럼, 새 인류는 타락한 세상과 연결되어 있으면서도 분리된 '속량 받은 형제들'의 무리이다.

19
CHAPTER

하나님은 진솔한 기도를 기다리신다

경건한 데이빗 매킨타이어(David M'Intyre)는 《기도의 숨겨진 삶》(The Hidden Life of Prayer)이라는 제목이 붙은 그의 아름다운 작은 책에서 참된 기도의 지극히 중요한 한 가지 요소를 짧게, 그러나 솔직하게 다룬다. 이 요소는 인위적인 것들이 판치는 이 시대에 우리가 놓치기 쉬운 것으로, 바로 꾸밈없는 솔직함이다.

기도할 때에는 솔직해야 한다

매킨타이어는 "하나님의 순수한 임재 앞에서 무릎 꿇는 사람이 솔직한 자세로 그분을 대하는 것은 당연한 일이다"라고 말한다. 그리고 이어서 다음과 같이 말한다.

우리는 하나님께 말씀드릴 때 일종의 고정관념에 사로잡혀 말씀드리는 경향이 있다. 그러다 보니 우리의 감정을 우리의 말에 다 담아내지 못하는 경우들이 생긴다. 하지만 우리가 그분 앞에서 완전히 솔직해지는 것이 가장 좋다. 우리가 정말로 그분을 생각하면서 그분께 말씀드린다면, 그분은 우리가 하고 싶은 말을 무엇이든지 하도록 허락하실 것이다. 시편 기자는 "내 반석이신 하나님께 말하기를 어찌하여 나를 잊으셨나이까 … 하리로다"(시 42:9)라고 말했다. 만일 시편 기자가 "여호와여, 주께서 잊으실 수 없나이다. 주께서는 내 이름을 주의 손바닥에 새기셨습니다"라고 말했다면, 그것은 '더 점잖지만 덜 솔직한 표현'이 되었을 것이다.

예레미야는 하나님의 뜻을 제대로 이해하지 못했을 때 화가 난 듯이 "여호와여 주께서 나를 속이셨으므로 내가 속았사오며"(렘 20:7, 개역개정판 한글성경에는 이것이 "여호와여 주께서 나를 권유하시므로 내가 그 권유를 받았사오며"라고 번역되어 있다-역자 주)라고 외쳤다. 그의 이 말은 변치 않는 진리이신 하나님께 드리는 말씀으로서는 정말 형편없는 말이었다. 그러나 이 선지자는 자신의 감정에 충실한 말을 입으로 표현했고, 여호와께서는 그를 용서하셨을 뿐만 아니라 그곳에서 그를 만나 복을 주셨다.

매킨타이어는 이 정도까지 말했다. 그런데 보기 드문 통찰력을 보여주는 또 다른 영성 작가는 완전히 무례한 것처럼 보일 수도 있을 만큼 솔직하게 기도해야 한다고 조언했다. 그는 "당신이 기도하려고 그분 앞에 나아갔지만 기도할 마음이 도저히 생기지 않으면 완곡어법을 쓰지 말고 당신의 마음을 솔직하게 말씀드려라. 하나님과 영적인 것들이 지루하게 느껴진다면 그것을 솔직히 인정하라"라고 말한다. 결벽증 기질이 있는 성도들은 그의 이 조언에 충격을 받겠지만, 그럼에도 불구하고 그의 조언은 완전히 건전하다.

하나님은 간사한 속임수가 없는 사람을 사랑하시는데, 그가 무지(無知) 중에 경솔한 기도를 드리는 잘못을 실제로 범했다 할지라도 사랑하신다. 그분은 그의 무지를 곧 고쳐주실 수 있다. 그러나 진실하지 못한 자를 고치는 약은 아직도 발견되지 않았다.

바른 예절 속에 숨겨진 가식

문명화된 사람들에게 깊이 뿌리 박혀 있는 인위적이고 가식적인 태도를 제거하는 것은 어렵다. 우리의 피 속으로 깊이 흘러들어온 이것은 상상을 초월할 정도로 우리의 사고와 태도와 인간 관계에 영향을 준다. 최근 인간 관계에 대한 책 한 권이 출간되었는데, 이 책의 기본적 철학은 '상대를 현혹하라'는 것이다. 자신의 목적을 달성하기 위해서는 아주 노련하게 상대의 비위를 맞추라는 것이 이 책이 권하는 인간 관계 기술이다. 이 책은 믿지 못할 정도로 많이 팔렸는데 실제로 수백 만이 샀다고 한다. 내가 볼 때, 이 책은 사람들이 듣기 원하는 말을 해주었기 때문에 그토록 큰 인기를 누린 것 같다.

상대방에게 좋은 인상을 심어주고 싶어 하는 욕구는 인간의 행동을 결정하는 가장 강력한 요인 중 하나가 되었다. '예절'이라고 불리는 저 점잖은 (그리고, 성경적인) 사회적 윤활유가 우리의 시대에는 완전히 거짓된 겉치레 에티켓으로 변질되고 말았다. 이런 변질된 에티켓은 조용한 연못의 수면을 덮고 있는 얇은 기름막처럼 희미하게 빛나는 얇은 거죽 아래에 본심을 숨기고 있다. 어떤 사람들은 분노를 폭발시킬 때에야 겨우 자신의 본심을 드러낼 뿐이다.

이런 왜곡된 예절이 사람들의 거의 모든 언행에 결정적 영향을 주는 인간 사회에 살다보니 하나님과의 관계에서도 완전히 솔직해지는 것이 참으로 힘들어졌다. 이것은 그리 놀랄 만한 일이 아니다. 솔직하지 못한 것은 일종의 정신적 반사작용처럼 작용해 우리도 모르는 사이에 하나님 앞에서도 나타난다. 이것은 그분이 보시기에 지극히 가증스런 것이다. 이것을 바리새인들에게서 보신 그리스도께서는 그들을 아주 미워하며 가차 없이 비판하셨다.

꾸밈없는 어린아이는 여전히 하나님이 우리 모두에게 주시는 모범이다. 우리가 모든 가식을 거부하고 하나님과 사람들 앞에서 완전히 솔직해지는 법을 배우면 더 자주, 더 능력 있게 기도하게 될 것이다.

어떤 신앙인이 갑자기 얼굴에서 빛이 나고 승리의 생활을 살아가게 되었다. 그것을 본 그의 친구들은 매우 놀랐고, 그들 중 한 사람이 그에게 무슨 일이 있었냐고 물었다. 그는 단지 이렇게 대답했을 뿐이다.

"어느 날 나는 하나님 앞에 나아갔고, 기도 중에 마음에도 없는 말은 그분께 하지 않겠다고 엄숙히 서약했습니다. 그랬더니 그 후 능력으로 충만한 새로운 삶을 살게 되었습니다."

그 서약과 더불어 변화가 시작되었고, 그 서약을 지키는 한 그 변화는 계속되었다. 우리는 이 신앙인에게서 무엇인가를 배울 수 있다. 배우겠다는 마음만 있으면 말이다.

20
CHAPTER

가장 좋은 것은
가장 얻기 어렵다

　우리가 사는 이런 뒤틀린 세상에서는 종종 가장 중요한 것들을 배우는 것이 가장 어렵다. 반대로 말하자면, 쉽게 배울 수 있는 것들은 대개의 경우 오랜 시간이 흘러도 우리에게 실질적으로 별 가치가 없다.
　이런 사실은 그리스도인들의 삶에도 분명히 나타난다. 가장 쉽게 배우는 것들은 얄팍하고 덜 중요한 활동들이고, 정말로 중요한 것들은 힘들다는 이유로 기피의 대상이 되는 경향이 있기 때문이다.
　이런 경향은 다양한 형태의 기독교 봉사에서 훨씬 더 분명히 나타나고 특히 목회에서 더 그렇다. 목회에서는 가장 힘든 일들이 가장 큰 열매를 맺고, 가장 쉽게 할 수 있는 일들은 열매를 덜 맺게 된다. 지혜로운 목회자는 쉬운 일을 골라 하려는 유혹의 덫에 걸려들지 않으며, 혹시 이미 걸려들었다 할지라도 그것에서 벗어나겠다고 굳게 결심하고 혼신의 힘을 다 기울일 것이다.

설교의 결실을 풍성히 거두려는 목회자가 제일 먼저 배워야 할 것은 기도생활에 성공하는 것이다. 그런데 기도는 그가 감당해야 할 일들 중 가장 힘든 일이 될 것이며, 그 역시 인간인지라 다른 어떤 것들보다 기도를 적게 하고 싶은 유혹에 시달릴 것이다. 그럴 때는 기도로써 승리하겠다고 굳게 마음먹어야 한다. 그렇게 하려면 우선 그의 육신부터 이겨야 한다. 기도를 언제나 방해하는 것은 육신이기 때문이다.

목회와 관련된 거의 모든 것들은 어느 정도 머리를 쓰면 배울 수 있는 것들이다. 설교를 하거나 교회의 행정적 일을 처리하거나 이런저런 초대에 응해 어딘가를 방문하는 것은 어렵지 않다. 결혼식이나 장례식의 주례는 에밀리 포스트(1872-1960. 에티켓에 대한 저술로 유명한 미국의 여류 저술가)와 《목회자를 위한 안내서》(the Minister's Manual)의 도움을 조금만 받으면 매끄럽게 처리할 수 있다. 설교 작성을 배우는 것은 구두 만들기를 배우는 것만큼 쉬운데 서론과 결론 같은 것들을 넣어서 만들면 된다. 오늘날 일반적인 교회들에서 이루어지는 목회활동들도 역시 그리 어려운 것이 아니다.

그러나 기도는 전혀 다르다. 기도의 문제에 있어서는 포스트 여사도 무력하고, 《목회자를 위한 안내서》도 아무 도움이 되지 못한다. 기도는 고독한 하나님의 사람이 혼자 해내야 하는 일이다. 때로는 금식하고 눈물을 흘리며 엄청난 피로를 이겨내며 해내야 하는 것이다.

기도는 독창적인 것이 될 수밖에 없다. 참된 기도는 다른 사람의 기도를 모방해서 할 수도 없고 다른 사람에게서 배울 수도 없기 때문이다. 기도하는 사람은 기도할 줄 아는 사람이 마치 자기 혼자인 것처럼 기도해야 한다. 그는 개인적으로, 또 독립적으로 기도에 임해야 한다. 여기서 독립적이라 함은 성령 이외에는 그 누구에게도 의존하지 않는다는 것이다.

토머스 아 켐피스는 "하나님의 사람은 대중 앞에 섰을 때보다 그의 기도방에 들어갔을 때 더 편안해야 한다"라고 말했다. 대중 앞에 서기를 좋아하는 설교자는 사실 그들 앞에 설 수 있는 영적 준비가 거의 되어 있지 않은 사람이라고 말해도 무방할 것이다. 반면, 기도생활이 올바른 사람은 청중 앞에 서기를 망설이게 된다고 말해도 별로 틀린 말은 아닐 것이다.

하나님 앞에 있을 때 정말로 편안한 목회자는 일종의 심리적 모순이나 갈등에 빠져 있는 자신의 모습을 보게 될 것이다. 한편으로는 청중 앞에 서는 것만 아니라면 어떤 일이든지 거의 다 하겠다고 느낄 정도로 설교를 어렵게 생각하지만, 또 다른 편으로는 야생마들에게 잡아끌려도 설교단에서 내려오지 않겠다고 버틸 정도로 설교의 사명에 투철하기 때문이다.

우리가 하나님 앞에 서지 않았다면 청중 앞에 서서는 안 된다. 설교단에 한 시간 서려면 그 전에 하나님과 여러 시간 동안 교제를 나누어야 한다. 설교자는 대중 앞에 마련된 설교단보다 기도의 골방을 더 친숙하게 느껴야 한다. 기도는 지속적으로 해야 하는 것이지만 설교는 때때로 하는 것이다.

설교를 가르치는 학교들이 설교에 대해 다른 것들은 다 가르치면서 정말로 중요한 기도는 왜 가르치지 않는지 생각해보았는가? 이런 부족함에 대해 그런 학교들을 비난하지 말라. 기도는 가르칠 수 없는 것이기 때문이다! 기도는 하는 것이다! 기도에 대해 학교나 책이나 잡지의 기사가 할 수 있는 최선의 것은 기도의 중요성을 말해주면서 기도하라고 권하는 것뿐이다. 기도는 신앙인 각자가 해야 할 일이다. 기도가 쥐꼬리만큼의 열정만 투자해도 얼마든지 할 수 있는 하나의 종교적 행위로 전락해 버린 것은 우리 시대의 비극 중 하나이다.

CHAPTER 21

반복 속에서 새로움을 발견하다

 목회자들과 경건서적 작가들은 이미 말했던 것을 또 말한다는 비난을 종종 받는다. 이런 비난을 하는 사람들은 한 번 언급된 개념은 완전히 폐기되어 영원히 반복되어서는 안 된다는 전제를 받아들인 것이다. 그리고 이런 전제의 밑바탕에는 '개념'이라는 것이 다시는 반복될 수 없다는 생각이 깔려 있는 것 같다. 이들은 똑같은 개념을 두 번 사용하는 사람의 기억력이나 정직성에 문제가 있다고 여긴다.
 그러나 사실을 말할 것 같으면, 우리의 사고는 마치 원을 그리듯 빙글빙글 돈다. 우리가 '생각의 열차'에 올라탔을 때 출발지를 떠나 어딘가를 향해 직선으로 계속 달려가는 것은 불가능하다. 인간 정신의 구조 때문에 우리의 사고는 원을 그리듯 빙빙 돌게끔 되어 있다. 그렇게 돌면서 똑같은 개념들을 자주 지나치게 되고, 그 개념들은 친숙하고 사랑스런 랜드마크(멀리서 보고 위치 파악에 도움이 되는 대형 건물 같은 것)처럼 느껴진다.

친숙한 개념들이 만드는 독창적 아름다움

  인류가 접할 수 있는 개념들은 비교적 소수이다. 이 개념들이 인간사고의 전체 구조를 형성하게 되고, 학교에 다니는 학생으로부터 플라톤(고대 그리스의 철학자로서 '철학의 아버지'라고 불리기도 한다)에 이르기까지 이 구조 속에서 사고하게 된다. 죽는 날까지 날마다 새로운 사실들이 우리의 지식에 더해지겠지만, 그 사실들은 사고의 태피스트리(여러 가지 색실로 그림을 짜 넣은 직물)의 크기를 어느 정도 늘려줄 뿐, 태피스트리의 색깔이나 무늬를 바꾸지는 못한다. 위대함이라는 것은 오래 된 친숙한 개념들을 결합하고 또 결합해서 새롭고 독창적인 아름다움을 만들어내는 능력이다.

  이렇게 말한다고 해서 내가 모든 사람이 개념을 습득하는 형태가 동일하다고 말하는 것은 아니다. 결코 그렇지 않다. 재미없고 단조로운 태피스트리를 짜는 사람들은 인생이 제공하는 기회들을 잘 이용하면 나름대로 개념들을 습득할 수 있음에도 불구하고, 실제로는 그렇게 하지 못하기 때문에 '극도로 적은' 개념으로만 태피스트리를 짠다. 그렇다고 학식이 아주 많은 학자나 지극히 심오한 사상가라고 해서 아주 많은 개념들을 사용해 학문이나 사상을 만들어내는 것은 아니다. 그들도 '비교적 적은' 주요 개념들을 가지고 학문이나 사상을 만들어낸다.

내가 이렇게 말하니까 의욕이 꺾이는가? 그렇다면 수 세기의 위대한 예술가들도 그들의 걸작을 만들어낼 때 단지 일곱 가지 기본색을 사용할 수밖에 없었다는 것을 기억하라. 그들의 천재성이 색의 무수한 결합으로 색조들을 만들어낸 것이지 새로운 색을 발견한 것은 아니다. 베토벤 같은 사람이나 도니제티(1797-1848. 이탈리아의 작곡가) 같은 사람의 걸작들도 한 줌의 악음(樂音)들을 기술적으로 결합해서 만들어낸 것이다.

이와 같이, 천재들의 독창적 예술작품이든 평범한 목회자들의 소박한 사고이든 간에 모두 친숙한 원을 그리며 빙빙 돌아간다. 이것은 인간 사고의 모든 분야에 해당되는데, 기독교 신학도 예외는 아니다.

예를 들어 성경의 시편에는 150편의 시가 들어 있는데 그 하나 하나가 모두 보물같이 귀한 것이고 예배자에게 더할 나위 없이 소중하지만, 시편에서 반복되는 부분을 모두 제거하면 남는 것은 5-6편으로 압축되고 말 것이다. 그림에서 색깔들이, 교향악에서 악음들이 반복적으로 나타나는 것과 마찬가지로 시편에서도 동일한 사고들이 거듭 반복적으로 나타난다. 그러나 하나님의 사랑으로 불타는 사람들에게는 그 사고들이 지루하게 느껴지지 않는다. 오래 된 아름다운 사고들 하나 하나가 마치 조금 전에 발견한 것처럼 새롭고 신선하게 느껴진다.

이런 얘기는 신약에도 적용된다. 만일 어떤 비평가가 "나는 바울이 똑같은 개념을 두 번 말하도록 허용하지 않겠다"라고 제멋대로 결정하고 바울의 13개 편지들의 내용을 압축해버린다면, 현재 영어성경들에서 평균적으로 80페이지를 차지하고 있는 그의 편지들의 분량은 놀랄 정도로 줄어들 것이다. 물론, 이런 황당한 압축을 지지할 그리스도인은 아무도 없을 것이다. 우리는 바울서신 전체가 현재와 같은 상태로 고스란히 남아 있기를 원한다.

바울서신에 들어 있는 개념들이 많은 것은 아니지만, 그것들은 우주를 떠받치고 있는 기둥들이다. 이 기둥들을 기초 삼아 기독교 신학의 거대한 성전이 세워졌으며, 사람들은 이 성전의 그늘 아래에서 수 세기 동안 기쁘게 살아왔고, 필요하다면 이 성전을 지키기 위해 목숨도 기꺼이 내놓았다.

또한 찬송가책의 경우를 보자. 소수의 기본 개념들의 뿌리로부터 아름다운 찬송의 꽃들이 아주 풍성하게 피어난다는 것을 확인할 수 있을 것이다. 편집이 잘 된 찬송가책의 색인을 보면, 그 책의 찬송가 주제들의 수가 비교적 적다는 것을 알게 될 것이다. 예를 들면 하나님, 그리스도, 성령, 십자가, 부활 같은 주제들이 나올 것이다.

신학적 개념이라는 관점에서 찬송가 한 곡, 아니 열 곡, 아니 백 곡을 검토해본다 할지라도 거기에서 발견되는 개념들이 그리 많지는 않을 것이다. 하지만 이 몇 안 되는 개념들이 우리의 필요에 따라 결합되고 적용된다면, 또는 하나님을 사랑하는 마음에서 우러나오는 찬양의 노래로 드려진다면 이것들만으로도 이 세상과 저 세상에서 찬양의 주제로 충분하다.

친숙함이 주는 기쁨을 누리라

이렇게 우리는 복된 개념들의 동그라미 주변을 빙빙 돌며 즐겁게 찬양한다. 친숙한 개념들이 반복될지라도 지루함 대신 기쁨을 느끼게 되는데, 이것은 잠깐 외출했다가 귀가하는 사람이 그의 집을 볼 때 느끼는 기쁨과 유사하다.

일종의 '반복 공포증' 같은 것이 있는 일부 설교자들은 친숙한 것들을 이상할 정도로 두려워하기 때문에 항상 기이하고 놀라운 것을 찾아내느라고 고생한다. 거의 매주 토요일마다 신문의 교회란(敎會欄)에는 아주 기괴하다고 말할 수 있을 정도로 빗나간 설교제목이 적어도 한두 개 실린다. 그런 설교제목과 기독교를 연결 지으려면 절제되지 않은 상상력을 황당할 정도로 발휘해야 할 것이다.

우리는 저 푸른 하늘로 날아오르려고 필사적으로 짧은 날개를 퍼덕이는 사람들의 정직함이나 성실함을 의심하지는 않지만, 그들의 태도에 개탄하지 않을 수 없다. 그 누구도 사도보다 더 독창적이 되려고 해서는 안 된다.

PART

4

GOD TELLS THE MAN WHO CARES

신앙은
오늘의
선택이다

CHAPTER 22

세상 나라와 그것의 영광

한때 사탄은 그리스도께 세상 모든 나라들과 그것들의 영광을 주겠다고 유혹해서 그분을 넘어뜨리려고 시도했다. 여기서 아주 분명히 드러나는 것은 마귀가 지혜롭지만, 충분히 지혜롭지는 못하다는 것이다.

그는 인간의 타락한 본성을 알았고, 그것을 어떻게 다루어야 할지를 알았다. 죄로 물든 인간의 마음을 사로잡아 완전히 포로로 만들 수 있는 능력이 화려한 것들과 멋진 환경 속에 있다는 것도 알았다. 인간 예수님께 세상의 영광을 보여준 그의 전술은 인류의 잘 알려진 약점을 교묘히 파고드는 간사한 방법이었다.

그의 술수는 성공할 뻔했지만, 한 가지 사실 때문에 실패했다. 그것은 그가 넘어지게 만들려고 했던 분이 타락한 인간이 아니시라는 사실이다. 그분은 성령과 지혜로 충만한 죄 없는 인간이셨다. 그분은 세상의 매력적인 겉모습 뒤에 숨은 본질을 날카롭게 꿰뚫어보고 혐오감을 느끼셨으며, 그런 세상을 완전히 거부하셨다.

우리의 주님은 다른 인간들이 세상의 영광 속에서 본 것을 보지 않으셨고, 반대로 그들이 보지 못한 것을 보셨다. 그분의 눈에 보인 것은 아름다움이 아니라 죽음이었다. 영혼을 대가로 지불하고 얻게 되는 화려한 색깔의 죽음 말이다. 그분은 사람을 유혹하는 색깔 아래에 썩은 것이 숨어 있다는 것을, 세상의 영광은 어리석은 자들을 잡아먹는 데 이용되는 미끼에 불과하다는 것을, 세상의 그럴 듯한 약속들이 모두 거짓이라는 것을 아셨다.

이 모든 것을 그분은 잘 알고 계셨고, 스스로 지혜롭다고 여긴 사탄은 그분이 이 모든 것을 아신다는 것을 몰랐다. 마귀는 성경을 열심히 공부했지만, 여전히 그가 알지 못하는 것이 있었다(만일 알았다면 불가능한 것을 시도하지는 않았을 것이다). 그는 그의 지식의 한계로 말미암아 결국 혼란에 빠졌고 영원히 체면을 구겼다.

인간의 영광은 모두 우리를 속이는 헛된 것이라고 성경 전체가 가르치고 있고, 특히 신약이 분명히 강조하는 바이다. 이 교훈은 또한 사도 시대 이후 성자들과 신실한 형제들이 아주 분명히 가르친 것이다. 이 교훈은 우리의 찬송가의 주제로 등장하고 우리의 기도에서 반복적으로 언급된다. 이 진리를 인정하지 않을 그리스도인은 없을 것이다.

세상 영광의 포로가 되어버린 교회

우리 앞에 성경이 펼쳐져 있고, 또 오랜 진리의 전통이 우리에게 있다는 사실을 생각할 때, 세상 유혹의 거짓됨을 꿰뚫어 보지 못하고 속아 넘어가는 비극적 선택이 잘 이해되지 않는다. 하지만 우리가 부정할 수 없는 것은 이제까지 교회가 세상 나라들과 그것들의 영광에게 포로가 되었다는 것이다. 이곳저곳에서 선지자적 음성이 들리고 있는 지금도 신자들은 거부할 수 없는 힘에 압도당해 세상으로 끌려가고 있다.

일찍이 우리 주님은 '하나님께 순종하는 대신 세상을 가지라'라는 유혹을 단호히 거부하셨지만, 지금 그 세상은 그분을 따르며 믿음을 고백하는 사람들에게 온갖 교활한 계략으로 유혹의 손길을 내밀고 있다. 복음을 받아들였다고 큰소리로 떠들어대는 무수한 사람들은 지금 우리 주님께서 차가운 경멸의 눈길로 거부하셨던 세상의 영광을 칭송하며 추구하고 있다. 그분은 그 옛날의 술수를 그토록 쉽게 꿰뚫어보셨지만, 오늘날의 신자들은 그 술수에 깜빡 넘어가 미소 지으며 순응한다.

마귀는 그리스도에 대해 잘 몰랐지만 그리스도인들에 대해서는 잘 아는 것 같다.

한 세기 전에 사탄은 성경을 직접 공격함으로써 복음주의 기독교를 파괴하려는 운동을 벌였다. 그러나 그것은 정통주의 기독교의 힘을 과소평가했던 것으로, 결국 엄청난 손실을 입고 물러갔다. 오늘날 '현대주의'라는 말은 큰 의미 없는 말로 전락해 버렸고, 이제 많은 자유주의자들은 그들 종교의 고동치는 심장이 사라졌다고 인정한다. 반면 복음주의 교리는 과거와 다름없이 힘을 잃지 않고 있으며, 지식인들이 그들의 지식인 사회에서 기독교 신앙을 고백해도 지식인으로서의 품위가 전혀 손상을 입지 않게 되었다.

그렇다! 교리라는 전선(戰線)에서 기독교를 파괴해보려는 사탄의 시도는 성공하지 못했고, 오늘날 성경을 믿는 사람들이 아마도 역사상 그 어느 때보다 많을 것이다. 그런데 십자가의 참 종교는 다른 전선에서 아주 큰 위험에 빠지고 말았다. 참으로 이상하게도, 성경의 진정성이 공격 받을 때 그토록 맹렬히 싸웠던 전사 중 많은 이들이 새로운 방향에서 공격해 들어오는 적은 알아차리지 못하고 있다.

세상의 가치를 따라 성장하려는 어리석음

정통적 신앙을 가진 신자들의 교회 안에서 일어나고 있는 오늘날의 진짜 위험은 그들이 세상의 가치들을 받아들인다는 것이다. 세상 나라들과 그것들의 영광이 신자들이 추구해야 할 확실한 상급이라고 믿는 것이 그들의 가치관이다.

눈먼 영혼들을 인도하는 눈먼 지도자들은 세상의 영광을 추구하는 것이 잘못은 아니라고 말한다. 그들은 건전한 사회적 기준에 어긋날 정도로 타락한 것이 아니라면 그리스도인들이 세상의 즐거움을 추구할 수 있다고 주장한다. 더욱 유감스러운 것은 그리스께서 경멸하신 가치들이 오늘날에는 사람들을 복음으로 이끄는 일에 사용되고 있다는 것이다.

그러다보니 이제 그리스도에게 후원자가 필요한 지경에 이르렀다. 세상 앞에 선 그분을 도와드려야 할 유명인이 필요하게 되었다. 옛날에 예루살렘에 입성하실 때 나귀새끼를 타셨듯이, 지금은 어떤 유명인의 인기 위에 올라타고 나아가기 위해 힘없는 눈빛으로 사방을 둘러보며 유명인을 찾으시는 분이 되고 말았다. 사람들을 끌어당길 수 있는 그분의 능력을 노골적으로 의심하는 우리는 이제 그분을 대신해 재주를 부려줄 재주꾼을 그분께 데리고 간다.

그분이 이미 옛날에 거부하셨던 저속한 싸구려 영광으로 왕관을 만들어 그분의 머리에 씌워드린다. 그분께 드리는 왕관에 박혀 있는 모조 보석들은 모두 세상에서 빌려온 것들로, 중산층의 번영, 성공, 명성, 세인의 관심, 돈, 군중, 사회적으로 인정

받는 것, 화려함, 능력의 과시, 세상의 명예 같은 것들이다. 육신의 정욕과 안목의 정욕과 이생의 자랑이 모두 기독교화 되어 버렸고(이렇게 한 사람들이 자유주의자가 아니라 복음주의자라는 사실을 잘 알아두라), 이제 믿음을 갖겠다는 모든 이들에게 그리스도와 함께 하나로 묶여 제시되고 있다.

이런 상황에서 우리는 우리의 어두운 배신을 깨닫지 못하고 회개할 의도조차 없이 여전히 부흥을 위해 기도하고 있다. 이런 기도는 헛될 뿐이다. 우리에게 필요한 것은 오직 겸손하게 몸을 낮추어 진리에 순종하는 것이다. 그렇게 할 때 참된 부흥은 이미 시작된 것이다. 세상의 영광이라는 덫에 절망적으로 사로잡혀 있는 복음주의 기독교에게 소위 '감정적 부흥'이 덧붙여져 봤자 교회 안에서는 혼란만 늘어나고 착각의 망상은 더욱 심화될 뿐이다.

"오, 주여! 당신의 백성을 이 덫에서 구해주소서!"

23 CHAPTER

생명의 원천을 가졌는가

기독교가 그리스도를 믿는 신앙, 하나님을 향한 사랑 그리고 인간을 위한 사랑의 봉사라고 생각하는 사람들은 기독교가 어떻게 "영생하도록 솟아나는 샘물"(요 4:14)이 되는지를 쉽게 이해할 수 있다. "영생하도록 솟아나는 샘물"이 되는 것이 기독교의 본래 목적이다.

반면, 종교가 내적 우아함과 품위를 외적으로 드러내는 것이라고 생각하는 사람들에게는 종교가 알맹이 없는 허울, 모든 상품을 쇼윈도에 전시해 놓은 가게, 완전히 텅 빈 선반이 되어줄 뿐이다(물론, 내적 우아함과 품위를 외적으로 드러내는 것이 종교에게 어느 정도 있어야 하는 것은 맞다). 사람들은 가게 안으로 들어가 보기 전에는 그 가게 안에 물건이 하나도 없다는 것을 알 수 없지만, 일단 안으로 들어가 보면 쇼윈도의 진열이 가게의 부실함을 감추기 위한 위장술이었다는 걸 알게 된다.

이런 내 말이 맞는 것 같지만 왠지 기분 나쁘게 들리는가? 그렇다면 구약시대에 반복적으로 나타났던 문제가 이스라엘의 외형적 삶과 내면적 삶의 불일치였다는 것을 기억하라. 그리스도의 메시지의 많은 부분이 겉으로 나타난 신앙적 고백과 일치하지 않는 삶을 살아가는 유대인들에 대한 비판이었다는 것도 기억하라. 바울도 경건의 모양은 갖추었지만 그것에 상응하는 본질이 없는 자들에 대해 경고했다.

종교의 겉모양을 그럴듯하게 꾸미고 싶은 유혹이 사람들에게 얼마나 강하고 현실적으로 다가오는지를 알려면, 다른 것은 볼 것도 없이 오직 교회의 역사를 보면 된다. 우리가 선택해야 할 가장 지혜로운 길은 두려움을 느껴 이 주제를 회피하는 것이 아니라, 그것을 똑바로 직시하고 용기 있게 해결을 모색하는 것이다.

경건을 뒤집어쓴 사람들

신앙의 겉모습만 갖추려는 경향은 기독교의 전문적 사역자들 중에서 아주 강하게 나타난다. 목회자, 복음전도자, 교사, 주일학교 봉사자, 그리고 저술과 편집과 출판을 통해 대중에게 기독교를 전하는 일을 하는 사람들에게서 말이다.

기독교 사역자는 기도회를 인도할 준비가 항상 되어 있어야 한다. 어떤 경우든 간에, 상상할 수 있는 거의 모든 상황에서 대표기도를 할 수 있는 준비도 물론 되어 있어야 한다. 어떤 상황에 놓여도 사람들에게 영적 경구(警句)를 말해줄 수 있어야 한다. 지혜로운 신앙적 조언을 구하는 사람이 생기면 즉시라도 조언해 줄 수 있어야 한다. 언제라도 경건한 이야기를 해줄 수 있어야 하는 위치에 있기 때문에 종종 마음속으로 느껴지지도 않는 열정을 사람들에게 보여야 하고, 자기조차 확신을 갖지 못하는 문제들에 대해 답을 내놓아야 한다. 직업적 특성 때문에, 내면적으로야 어떻든 간에 겉으로는 신령한 사람으로 보여야 한다. 인간으로서의 본성이 변하지 않았음에도 겉으로는 즉시 경건한 모습을 취해야 하고, 대중이 원하는 모습으로 그들 앞에 나타나야 한다. 직업적 성직자 특유의 미소와 공허한 말투는 이미 너무 잘 알려져 있기 때문에 굳이 더 언급할 필요도 없을 것이다.
　이런 모든 경건의 모습은 성직자 자신의 잘못 때문에 생기는 것이 아니라 단지 상황이 강요하는 것이지만, 그에게는 일종의 가면이 된다. 그리고 이 가면 뒤에는 애처롭고 낙심하고 외로운 영혼이 숨어 있다.
　물론 이것은 위선도 아니고, 의도적인 이중생활도 아니고, 속이려는 실제적 의도도 없다. 단지 성직자는 그의 입장과 상황에 억눌려 있는 것이다. 다른 이들의 포도원을 지키는 노릇을 하지만 자기의 포도원은 지키지 못하는 것이다. 이런저런 일들을 너무나 많이 처리하다보니 그의 에너지가 고갈된 것이다. 다른 이들을 치유하느라 바쁘게 살다 보니 정작 자신은 중병에 걸려 있는 것이다.

그분 앞에 머물러 채움을 입으라

이런 일들은 우리가 인정하고 싶어 하는 것보다 더 광범위하게 퍼져 있지만, 그렇다고 해서 이런 것들을 불가피한 것으로 받아들여서는 안 된다. 더 좋고, 더 참되며, 더 복된 길이 있다. 그리고 그 길은 찾기 어렵지 않다. 이런 모든 문제를 담대하고 솔직하게 인정하기만 하면 해결책은 곧 발견될 것이다. 간단히 말해서, 겉모양뿐인 종교에서 탈피하는 길은 그것을 샘(원천)으로 만드는 것이다.

설교보다 기도를 더 많이 하라. 그러면 설교 때문에 에너지가 고갈되는 일이 일어나지 않을 것이다. 공적인 장소에서 사람들과 함께 보내는 시간보다 은밀한 곳에서 하나님과 함께 보내는 시간을 더 많이 가지면, 지혜의 샘이 마르지 않을 것이다. 마음을 열고 성령을 모셔 들이면, 우리에게서 빠져나가는 것들 때문에 지치는 일은 일어나지 않을 것이다. 사람들과 사귀는 시간보다 하나님과 사귀는 시간을 늘리면, 굶주린 자들에게 줄 양식이 늘 풍족할 것이다.

우리가 책임져야 할 1차적 대상은 대중이 아니라 하나님과 우리 자신의 영혼이다. 모세는 백성에게 말하기 전에 산에 있었다. 그리스도께서는 제자들에게 "나가서 일하기 전에 머물라"라고 말씀하셨다. 장 니콜라 그루(1731-1803. 프랑스의 로마가톨릭 신비가 및 영성 작가)는 그의 마음이 경배의 불길로 타오르기 전에는 한 줄의 글도 쓰지 않겠다고 말했다. 조지 뮬러는 그의 영혼이 기도에 푹 잠기고 하나님의 은혜의 감동을 느꼈을 때에야 비로소 설교단에 섰다.

이들은 우리에게 길을 보여주었다. 우리의 마음속에서 끊임없이 샘물이 솟아오르게 해주는 것은 겸손하고 순전한 마음으로 하나님을 신뢰하며 그분과 계속 교제하는 것이다.

24
CHAPTER

가식은
영혼의 질병이다

젊은이로서 처음 세상을 주의 깊게 관찰하기 시작했을 때 나를 매우 놀라게 한 것은 설교자들의 가식(假飾)이었다. 내가 볼 때, 그들이 사는 세계는 현실세계에서 한번 옮겨져서 다른 곳에 따로 존재하는 것 같았다.

나는 그리스도인 가정에서 성장한 사람이 아니었기 때문에 신앙인들 특유의 언어 표현에 익숙하지 않았다. 그래서 설교를 들을 때 귀를 쫑긋 세우고 듣는다. 내가 듣기에 설교자들의 말이 얼마나 이상하게 들렸는지, 그들의 어조가 얼마나 가식적이었는지, 그들의 행동이 얼마나 부자연스러웠는지 모른다.

분명히 그들도 사람이었지만, 내가 다른 사람들에게서 쉽게 볼 수 있었던 솔직함과 허심탄회함이 전혀 없었다. 인간 대 인간으로 솔직히 대하는 것이 없었다. 그들은 무엇인가를 두려워하는 것 같았다. 하지만 그것이 무엇인지 나로서는 알 수 없었다. 말을 잘 듣고 인내심이 많으며 거의 무관심하다고까지 할 수 있는 청중은 다른 사람의 기분을 상하게 하는 사람들이 아니었기 때문이다.

사실 청중은 설교자들의 말에 크게 주의를 기울이지 않았다. 만일 어떤 사람이 게티즈버그 연설(미국 대통령 아브라함 링컨이 게티즈버그에서 행한 연설)에서 몇 구절을 뽑아 순서를 거꾸로 해 그들의 설교에 몰래 삽입했다 할지라도, 그것을 알아채거나 문제 삼는 사람은 거의 없었을 것이다.

그럼에도 설교자들은 누군가에게 불쾌감을 줄 바에는 차라리 영원히 침묵하기를 선택할 것 같은 인상을 심어줄 정도로 아주 조심조심, 변명하듯이 설교했다. 그들 중 어떤 이들의 설교를 몇 번 들어본 나는 "성(性)은 세 가지인데 첫째는 남성이고 둘째는 여성이고 셋째는 설교자이다"라는 프랑스 속담의 의미를 이해하게 되었다(물론, 이 속담은 그 후 여러 해가 지났을 때 알게 되었지만 말이다).

지금 나는 설교자들 편에 서 있다. 그리고 그들이 완전해야 한다고 생각하지도 않는다. 하지만 나는 솔직함 편에 서기도 한다. 내가 볼 때 조심조심 말하는 사람은 자신의 메시지를 효과적으로 전달하기 힘들다. 그의 소심함 때문에 그의 메시지는 약화되고 열매를 맺지 못한다.

소금을 잃은 교회

기도하기보다는 차라리 싸우기를 좋아하는 호전적인 사람들 때문에 교회가 고통을 당한 것도 사실이지만, 옳은 쪽을 선택하기보다 사람들의 비위를 맞추기 위해 사근사근하게 구는 편을 택한 소심한 설교자들 때문에 더 고통을 당한 것도 사실이다. 후자에 속하는 사람들이 더 많다는 사실 하나만 봐도 후자가 더 큰 해악을 끼쳤다고 말할 수 있다.

하지만 나는 우리가 이 둘 중 어느 하나만을 선택해야 한다고 믿지는 않는다. 사랑과 용기를 동시에 갖는 것, 진실 편에 서면서도 동시에 충성스러운 사람이 되는 것, 이것은 전적으로 가능하다. 사도 바울은 "너희 말을 항상 은혜 가운데서 소금으로 맛을 냄과 같이 하라"(골 4:6)라고 가르친다. 그토록 많은 교회의 설교가 재미없고 따분한 것은 소금이 없기 때문이다. 성경은 "싱거운 것이 소금 없이 먹히겠느냐 닭의 알 흰자위가 맛이 있겠느냐"(욥 6:6)라고 말한다.

이런 면에서 신학교가 잘못하고 있다고 말할 수도 있다. 신학교는 여러 사람에게 여러 모습이 될 수 있는 설교자를 배출하려고 애쓰지만, 이것은 "내가 여러 사람에게 여러 모습이 된 것은 아무쪼록 몇 사람이라도 구원하고자 함이니"(고전 9:22)

라고 말한 사도 바울의 깊은 뜻과는 전혀 상관없는 것이다. 신학교는 학생들을 세련된 사람으로 만드는 교육을 실시하지만, 그런 교육은 그들을 죽일 수도 있다. 상냥하고 밝은 학생들을 만들겠다는 목표를 내걸고 그들의 날카로움을 모두 제거하는 교육을 하지만, 우리 중 어떤 이들이 볼 때 그런 교육이 상냥하고 밝은 학생을 만들어내지도 못하는 것 같다.

신학교는 자연스러운 것들을 모두 갈아서 제거한다. 톡 쏘는 표현을 설교에서 빼고, 모난 표현은 줄로 갈아서 매끈하게 하라고 가르친다. 젊은 학생은 우아한 제스처를 취하고, 엷은 미소를 띠며, 학자처럼 말하라는 가르침을 받는다. 사람들이 평소의 대화에서 흔히 사용할 수 있는 단도직입적인 표현을 설교에서 사용하지 말고, 모호하고 딱딱한 전문용어를 사용하라고 배운다. 그러나 이런 모든 것들이 만들어내는 결과는 가식과 비효율이다.

명확한 선포가 우리를 일깨운다

그런데 하나님의 자비로, 나는 어느 날 한 복음전도자의 설교를 듣게 되었다. 그 복음전도자는 완전히 인간적인 사람이었고, 그의 청중을 인간으로 대해주는 도량을 보였다. 그는 자기가 전해야 할 말이 무엇인지를 알았고, 그것을 두려움 없이 전했다. 그가 무슨 말을 하는지를 이해한 청중은 그의 말을 받아들이든지 아니면 거부했다. 나는 그들 중 아주 많은 이들이 그의 메시지를 받아들인 것에 대해 하나님께 감사한다.

성경 말씀을 선포하기 위해 설교단에 선 사람은 누구나 성경 자체의 분명한 권위를 어느 정도 자기의 것으로 삼고 메시지를 전해야 한다. 성경은 최고의 사랑의 책이지만 동시에 완전히 솔직하고 단도직입적인 책이다. 성경의 저자들은 불친절하거나 무례하지 않으며, 예외 없이 정직하고 온전히 성실하다. 그 글의 구구절절에서는 절박함이 묻어난다. 그들은 사람들의 도덕적 결단에 큰 관심을 가졌고, 예의를 차리는 것보다는 하나님의 영광과 사람들의 행복을 더 중요시했다.

인위적이고 진부한 신앙 이야기를 전달하는 사람이 되지 말라고 젊은 목회자에게 조언해주고 싶은 마음이 우리에게 생길 수도 있겠지만, 좀 더 깊이 생각해보면 그런 조언이 필요 없다고 느끼게 될 것이다. 우리는 그에게 "최고의 저술가와 최고의 설교자를 연구하고, 독창적인 설교자가 되고, 어떤 것들에 대해 말하기 전에 그것을 먼저 깊이 통찰하고, 진부한 표현을 삼가며, 그 지역 특유의 언어 표현을 사용하십시오"라고 역설하고 싶은 충동을 느낄 수도 있겠지만, 그렇게 한다고 해서 문제가 해결되는 것은 아니다.

하나님을 만날 때 치유가 일어난다

종교적 가식은 단순히 이런저런 잡다한 방법적 문제들 때문에 생기는 것이 아니라 깊은 인간적 및 정신적 문제 때문에 생기기 때문이다. 이것은 영혼의 질병이기 때문에 '영혼의 의사'에 의해서만 치료될 수 있다.

가식의 덫에 걸리지 않으려는 사람에게 필요한 것은 기쁨 가운데 하나님을 깊이 체험하는 것이다. 그리스도께 온전히 헌신하고 성령의 기름부음을 충만히 받는 것도 역시 필요하다. 또한 사람들을 두려워하지 말아야 하며, 사람들이 아니라 하나님께 시선을 고정해야 한다.

그는 설교단에 설 때마다 자기에게 소중한 모든 것을 잃을 각오를 해야 한다. 자기의 미래, 목회사역, 심지어 생명까지 위험에 빠뜨릴 수 있을 정도로 담대하게 외쳐야 한다. 메시지를 전달하는 것 때문에 일어날 수 있는 모든 일들을 하나님께 맡겨야 한다. 그분의 심판대 앞에 나아가기 전에 설교할 시간이 얼마 남지 않은 자처럼 설교해야 한다. 그렇게 하면 교인들은 자기들의 귀에 들리는 것이 '단순한 메아리'가 아니라 '음성'이라는 걸 알게 될 것이다.

25
CHAPTER

복음주의에 나타나는 속물적 우월의식

우리는 악한 무리요 아담의 후손이다. 우리의 타고난 악함을 보여주는 확실한 증거는 선을 악으로 바꾸고 복을 저주로 바꾸는 쉽지 않은 일을 능히 해낸다는 것이다. 죄는 단지 '의(義)의 반대'이고 악은 '타락한 선'일 뿐이라는 사실이 아주 확실히 논증될 수 있다고 나는 믿는다. 기본적으로 '죄'라는 것은 본래 악의(惡意) 없는 것들을 오용하는 것이며, 합법적인 선물들을 불법적으로 사용하는 것이다.

우리 그리스도인들도 다른 모든 사람들과 똑같은 뿌리에서 태어났다. 우리가 새 성품에 참여하는 자들이 된 것은 사실이지만, 옛 성품을 완전히 벗어버린 것은 아니기 때문에 다시 육신에 사로잡혀 새 성품이 아닌 옛 성품을 드러내고 싶은 유혹에 항상 노출되어 있다. 나의 이 말을 반박하는 논리를 펴는 사람들이 있겠지만, 그들의 주장은 내게 별로 설득력을 갖지 못한다. 게다가 그들과 나 사이의 논쟁이 끝나기도 전에 그들이 옛 본성의 분명한 증거들을 보여줄 것이 확실하기에 나는 그들의 견해를 받아들이지 않는다.

우리는 연약한 인간이기 때문에 부주의하게 우리의 복을 다 망쳐놓고 지극히 인간적인 짓을 행할 위험성이 있다. 깨어서 아주 열심히 기도하지 않으면 우리의 선을 악으로 바꾸고, 하나님의 은혜를 유익이 아닌 올무로 만들어버릴 수도 있다.

진리를 깨닫는 은혜를 입다

우리가 하나님께 받은 가장 순수한 선물들 중 하나는 진리이다. 진리에 버금갈 정도로 귀한 또 다른 선물은 진리를 깨닫고 그 진가를 인정할 수 있는 우리의 능력이다(이 능력이 없다면 진리의 선물도 무의미할 것이다). 가치를 헤아릴 수 없을 만큼 귀한 이 두 보물에 대해 우리는 한없이 감사해야 한다. 이 두 가지 때문에 낮과 밤으로 감사의 기도와 찬송이 '모든 선한 선물을 주시는 분'께 올라가야 한다. 그리고 이 두 가지뿐만 아니라 다른 모든 복들이 공로나 자격 없는 우리에게 오직 은혜로 말미암아 흘러오기 때문에 아주 겸손한 마음으로 조심하며 깨어 있어야 한다. 깨어 있지 못하고 그 복들의 가치를 모르는 사람은 그것들을 빼앗길 것이다.

인간은 감사를 모르는 존재로 악명이 높다. 성경의 역사에 의하면, 종종 이스라엘 민족은 하나님의 선물들을 대수롭지 않게 여기며 받았다가 복을 저주로 바꾸고 말았다. 인간의 이런 잘못은 신약성경에도 나타난다. 그리고 교회의 역사 속에 나타난 그리스도인들의 모습을 볼 때 우리는 "그리스도께서 광야에 계실 때 사탄이 그 뒤를 따라 나타났듯이 진리 다음에는 강한 교만의 유혹이 뒤따른다"라고 말하지 않을 수 없다. 사람들을 자유롭게 해주는 진리가 그들을 속박에 묶어두는 쇠사슬로 변할 가능성이 있는데, 실제로 그 가능성은 종종 현실이 된다. 우리는 자신의 신앙이 정통신앙이라는 교만보다 더 음험(陰險)하고 고질적인 교만은 없다는 것을 명심해야 한다.

속물적 우월의식은 교만의 자녀이다. 처음에 교만은 한 자리 차지하기 위해서나 이미 그 자리를 차지했다는 것을 확실히 하기 위해서 열심을 내고 야심을 불태울 것이다. 그 단계가 지나면 초기의 열정과 야망은 쇠퇴하고 방어적으로 변한다. 그리고 그 다음에는 노력과 방어조차 중단하고, 자기의 현재의 모습을 절대화하면서 "내가 이룬 것은 이론(異論)을 불허할 정도로 견고하고 개선이 필요 없을 정도로 완벽하다"라고 말한다. 이쯤 되면 우월의식 환자가 탄생하게 되는데, 이런 사람은 자기가 그런 환자인 줄 모른다.

많은 재산 때문에 우월의식 환자가 된 사람은 웃기는 인물이지만 그래도 불쌍한 사람이므로 어느 정도 인내심만 가지면 참아줄 수 있다. 조금 더 참아주기 힘든 사람은 자기 조상을 내세우며 목에 힘주는 사람이다. 하지만 "자랑할 것이라곤 조상밖에 없는데, 그마저 땅속에 묻혀버렸네!"라고 말해버리면, 이 사람도 참고 넘어갈 수 있다. 하지만 지적(知的) 분야에서 우월의식 환자가 된 사람에 대해서는 우리가 무엇이라고 말할 것인가? 이런 사람은 참을 수 없고, 사랑하기 힘들며, 호감을 가지기가 어렵다.

교만은 진리를 얻지 못한다

최근에 복음주의 기독교에 새로운 유파가 생겼는데, 이것 때문에 최상등급의 지적 우월의식 환자들이 대거 탄생할 위험도 생겼다. 역사적 기독교의 근본 교리들을 믿는 것을 정통신앙이라고 정의할 것 같으면, 이 유파의 제자들의 신조는 적어도 정통이다. 하지만 그들은 거기까지만 신약의 기독교와 동행할 뿐 그 다음부터는 신약의 기독교와 헤어진다. 그들의 정신은 초대교회의 정신과 완전히 다르다.

누가 이런 새로운 부류의 그리스도인들에 속하는지를 보여주는 몇 가지 특징은 다음과 같다. 그 특징 중 하나는 가슴을 불룩하게 내밀고 마치 수탉이 울듯이 미심쩍은 소리를 내는 습관이다. 또 다른 특징은 둥지를 너무 높은 곳에 짓는 습관이다. 그들의 둥지가 너무 높아서 대부분의 그리스도인들은 그 둥지를 찾아내는 데 꽤 애를 먹을 뿐만 아니라 혹시 찾아냈다 할지라도 그곳까지 올라갈 수 없다. 세 번째 특징은 그들의 거의 모든 노래가 다른 이들의 노래를 모방했다는 냄새를 확 풍긴다는 것이다. 그들 중 독창적인 멜로디를 노래하는 사람은 거의 없고, 그들 각자는 바르트(1886-1968. 스위스 개혁교회의 신학자)나 부룬너(1889-1966. 스위스 개신교 신학자)나 불트만(1884-1976. 독일의 신학자)이나 틸리히(1886-1965. 독일계 미국인으로서 루터교 신학자) 같은 사람의 노래를 기다렸다가, 그것을 정통주의 조성(調性)으로 바꾸어 최대한 똑같이 흉내 내어 부른다. 그들은 짝짓기를 위해 "나도! 나도!"라고 새된 소리를 내는데, 우리는 다양한 복음주의 고등교육기관의 강당에서 울려 퍼지는 이 소리를 들을 수 있다.

그런데 이런 부류의 사람들이 깨닫지 못한 것은 진리가 정신적인 것일 뿐만 아니라 도덕적인 것이라는 사실이다. 사도신경 자체는 진리이지만, 누군가 그것을 교만한 마음으로 인용한다면 그 사람에게는 진리가 되지 못한다. 반드시 있어야 할 한 가지 요소가 그에게 없는 것인데, 그것은 바로 겸손이다!

신학적 사실은 오직 그것을 겸손한 마음으로 받을 때에만 비로소 영적 진리가 된다. 그러므로 아무리 정통이라 할지라도 교만한 마음은 영적 진리를 알 수 없다. 앞을 보지 못하는 사람에게는 빛이 아무 의미가 없는 것처럼 말이다.

그리스도인으로서 살아가면서 자신의 무지를 자각할 수 있다면 그 사람이 많은 지식을 가진 자이다. 우리가 이해하는 것이 거의 없고, 앞으로도 이해하지 못할 것이 많다는 것을 깨닫는 것이 가장 큰 깨달음이다.

성경에서 지식은 일종의 체험이며, 지혜는 도덕적 내용을 갖는다. 겸손 없는 지식은 헛된 것이다. 종교적 우월의식 환자에게는 진리가 없다. 속물적 우월의식과 진리는 양립할 수 없다.

26
CHAPTER

한여름의 광기

해마다 남쪽으로부터 태양의 계절이 찾아오기 시작하면 미국의 '메이슨-딕슨 라인'(미국 남부와 북부의 경계선) 북쪽에 사는 시민들의 마음이 싱숭생숭해진다. 그러다가 결국 여름이 완연해지면 걷잡을 수 없는 상태에 빠지고, 온 나라는 '왈츠 추는 생쥐들'(waltzing mice: 작은 원을 그리는 것 외에는 더 이상 나아가지 못하는 생쥐들)의 거대한 우리로 변해버린다. 사람들은 일종의 광기에 빠지고, 그때부터 한동안 자기가 사는 곳이 아닌 다른 곳으로 여행을 떠나기 위해 광분한다. 발걸음을 멈추고 "잠깐만요! 지금 무엇들 하는 겁니까?"라고 묻는 사람은 하나도 없고, 입원환자나 죄수들을 제외한, 사실상 모든 이들이 '어딘가로 갔다가 다시 돌아오는 광란'에 합류한다.

거부할 수 없는 충동이 마치 바람에 붙잡힌 먼지 알갱이처럼 우리를 손아귀에 넣고 돌리고 어지럽게, 위험스럽게 이리저리 휘젓는다. 결국 첫 서리가 내려 호박이 여물 때쯤에야 여행용 이동주택을 몰고 집으로 돌아온다.

휴가는 인생의 전부가 아니다

자기가 태어난 도시에서 평생을 보낸 한 집사가 세상을 떠나 우리 곁에서 영영 사라졌다. 그는 현재와 같은 광기의 유목민이 생기기 전에 살았다. 마차를 넣어두는 헛간이나 말을 묶어두는 말뚝이 시대의 변화와 더불어 사라졌듯이 그도 역시 사라졌다. 현재 그의 주된 역할은 발가락이 셋인 말이나 공룡처럼 박물관을 장식하는 것이다.

그의 큰 잘못은 휴가를 가지 않았다는 것이다. 기분전환과 휴식 그리고 약간의 레크리에이션이 건강과 장수에 필요했지만, 이런 것들에 신경 쓰지 않았다. 대신 악착같이 일했고, 열 명의 자녀를 건강하게 양육했으며, 자기 농장을 가꾸었고, 일주일에 네 번 교회에 출석했고, 어렵게 시간을 내어 한 달에 한두 권의 양서를 읽었다. 매년 찾아오는 휴가철에 쉬지는 못했지만, 안경도 쓰지 않은 채 100미터 정도 거리에서 밤나무의 다람쥐를 쏘아 떨어뜨릴 수 있었고, 87세의 나이에도 철봉을 한 번 잡으면 12회 연속으로 턱걸이를 할 수 있었다.

그가 세상을 떠났을 때 그의 가족과 가까운 이웃들은 매우 슬퍼했다. 그들은 평생 그를 곁에서 지켜보며 그의 훌륭한 미덕을 깊이 느꼈던 사람들이다.

누군가 "2년마다 아파트를 바꾸고, 여름이면 휴가지에서 자욱한 매연을 내뿜으며 고속도로를 질주하는 그의 손자도 그의 할아버지만큼 남자답습니다"라고 주장할지라도 나는 그의 말을 도저히 받아들일 수 없다. 이런 한심한 말을 하는 사람이 나오는 요즘 같은 때에, 진지한 사람들은 금세공(金細工)하는 사람의 유명한 시가 생각나서 아주 심란하다.

재물이 쌓이고 사람들이 타락하면
그 나라가 기울어가는 것이니
급히 서둘러오는 재앙에게 잡아먹히리라

지금 우리는 헌법이 보장하는 자유를 믿는다. 법의 테두리 안에서 자기의 뜻대로 살아갈 수 있는 양도불가의 권리가 누구에게나 있다는 것을 인정한다. 여름이 되면 대부분의 사람들이 집을 떠나 차를 몰고 이 주유소, 저 주유소를 전전하다시피 하며 여가를 보내는 편을 선택한다 할지라도 우리가 그것을 막을 수는 없을 것이다. 그런 선택에 항의하는 것은 거센 바람을 향해 입김을 내뿜거나 밀려오는 파도를 향해 소리치는 것밖에 안 된다. 그러나 좀 더 느렸지만 좀 더 분별 있던 시대를 연상시키는 우리 같은 구세대 사람들이 이런 한여름의 광기가 이 시대의 교회들을 혼란스럽게 하는 것에 개탄하며 정직한 눈물을 좀 흘린다고 해서 문제될 것은 없을 것이다.

이런 휴가 현상이 크게 유행하며 나름 폐해를 일으킬지라도, 평소에 빈둥거리며 일하다가 휴가철만 돌아오면 돈 많이 드는 장기휴가를 꼬박꼬박 챙겨 먹는 사람이 무수히 많을지라도, 우리는 휴가여행이 경우에 따라서는 어느 정도 치유의 기능을 발휘한다는 것을 인정한다. 나는 열심히 일하는 사람들이 고된 일상적 노동에서 벗어나 휴식을 취하는 것을 못마땅하게 여기는 것이 결코 아니다.

십자가는 휴가를 필요로 하지 않는다

내가 지적하지 않을 수 없는 슬픈 현실은 휴가를 잘못 즐기는 습관 때문에, 또 여름철이면 주말마다 여행하는 습관 때문에 하나님의 교회가 일 년 중 몇 달 동안 마비상태에 빠진다는 것이다. 여름철이 되면 어떤 교회들은 완전히 문을 닫고, 또 어떤 교회들은 부득이 저녁예배를 포기하며, 많은 교회들은 예배에 필요한 최소한의 출석수를 확보하기 위해 다른 교회들과 함께 연합예배를 드린다. 재정은 적자를 내며, 교인들의 사기는 꺾이고, 믿음은 다 타서 재만 남는다.

그리스도를 따르는 사람들이 심판의 시대에 부끄러운 줄도 모르고 그토록 자주 자기의 십자가를 내려놓는 것은 참으로 이해하기 힘든 일이다. 전쟁의 때에 4개월짜리 휴가를 얻기 바라는 병사들을 가진 군대는 이 지구상에서 오직 주님의 군대뿐일 것이다. 일 년 중 사탄이 가장 바쁘게 일하는 몇 달 동안 하나님의 자녀들이 가장 게을러지는 것은 정말 이상한 일이다. 여름이 되면 지옥은 익은 곡식을 풍성히 추수하겠지만, 일상에서 탈출해 휴식을 취하겠다는 처절한 집념에 불타는 이 한심한 '만세(萬世)의 상속자들'은 타이어가 찌그러질 정도로 짐을 가득 싣고 시속 130킬로미터로 달리며 미국 대륙을 누빈다!

누군가 "대규모 신앙대회와 캠프집회가 열리는 때도 여름 아닙니까?"라고 내게 말한다면, 나는 "평소 출석하던 교회에서 여름 내내 드리는 충실한 예배들에는 참석하지 않고 재미삼아 캠프집회에 열흘 참석하는 것으로 때우려는 것은 너무 얄팍한 것 아닙니까?"라고 반문할 것이다.

여름철 주일 아침에 교사들 절반이 빠진 상황에서 낙심한 주일학교 교장이 그나마 자리를 채우고 있는 학생들 앞에 서서 유쾌한 표정을 지으려고 애쓰는 것을 보면 마음이 아프다. 여기저기로 놀러 다니기 좋아하는 교회 청년이 토요일 오후에 하나님 앞에 무릎을 꿇고 "금년에는 예년보다 경기가 좋아서 제가 여러 곳을 가볼 수 있는 것에 감사합니다"라고 기도하는 것을 볼 때, 그가 정어리 통조림통을 옆에 놓고 자연과 교감하기 위해 근무처를 총알같이 떠나면서 그 여행의 안전과 편의를 하나님께 부탁드리는 것을 볼 때, 나는 한 편의 희비극(喜悲劇)을 보는 것 같다.

그리스도의 교회가 이 한여름의 광기에 그토록 완벽하게 굴복하는 현상은 우리의 낮은 영성을 말해주기에 충분하다. 여름이 끝나고 선선한 날씨가 시작된 후 우리가 휴가지에서 돌아와 일터로 나가 다시 일을 시작하느라 부산을 떨 때 세상 사람들이 냉소적 시선을 보내는 것은 그리 놀랄 만한 일이 아니다. 본래는 우리에게 별로 신경도 안 쓰는 사람들인데, 오죽하면 그런 시선을 보내겠는가? 그들에게 무시당하는 것은 결국 우리의 자업자득이다.

교회의 짐을 함께 지는 성숙한 믿음

우리에게는 부흥이 필요하다. 죽기까지 헌신하는 부흥이 있어야 한다. 그래서 즐거운 마음으로 하나님의 뜻에 복종하게 되면 자신의 희생을 개의치 않을 것이고, 한낮의 뜨거움과 부담을 이겨내며 십자가를 지는 것을 특권으로 여길 것이다.

그러나 지금은 우리에게 가해지는 세상의 영향이 너무 강하고 성령의 통제는 너무 약하다. '더 깊은 삶'을 추구하는 우리 같은 사람도 편하게 살고 싶은 유혹을 받지 않는 것이 아니므로 편하게 살며 즐거움을 추구하는 세대로 전락해 버릴 큰 위험이 늘 우리를 따라다닌다.

누군가 이 글에서 표현된 내 주장들에 동의하지 않는다면 그것은 그의 권리이다. 나는 그에게 그런 권리가 없다고 말하고 싶은 생각이 조금도 없다. 하지만 그토록 힘들게 공동체를 꾸려나가는 무수한 교회들과 낙심하는 목회자들의 이름으로 내가 "어려움이 많은 이 여름철에 당신의 출석교회에 좀 더 충실하십시오"라고 말할 권리가 없는가?

나는 여름철 계획을 세우기 전에 자신의 개인적 즐거움보다는 교회의 어려움을 깊이 고려하는 사람들을 하나님께서 많이 보내주시기를 바란다. 내가 아는 어떤 성공적인 평신도는 휴가여행을 떠나기를 한사코 거부하는데, 그 이유는 그가 맡은 주일학교에 빠지고 대신 주말여행을 떠나는 것을 도저히 받아들일 수 없다고 느끼기 때문이다. 이런 사람들이 우리 중에 자꾸 생겨서 결국에는 '애굽의 수치'(수 5:9)가 떠나가고 사람들이 우리를 다시 신뢰하게 될 날이 빨리 오기를 기도한다.

27
CHAPTER

겸손:
그 진실과 거짓

겸손은 그리스도인에게 절대적으로 필요한 것이다. 겸손이 없으면 자기이해, 회개, 신앙 그리고 구원이 없다. 하나님의 약속들은 겸손한 사람들에게 주어진 것이다. 교만한 자들은 마음을 낮추는 자들에게 약속된 모든 복을 박탈당하며, 하나님에게는 오직 공의만을 기대할 수 있을 뿐이다.

그런데 우리가 잊지 말아야 할 것이 하나 있다. 그것은 진정한 겸손과 잘 구별되지 않는 거짓 겸손이 있다는 것이다. 그리스도인들은 거짓 겸손을 알아채지 못하고 그것을 진짜 겸손으로 착각하는 경향이 있다.

참된 겸손은 건강한 것이다. 겸손한 사람은 자기에 대한 진실을 받아들인다. 자기의 타락한 본성 안에는 선한 것이 전혀 거하지 않는다고 믿는다. 자기에게 하나님이 계시지 않으면 자기가 아무것도 아니고, 아무것도 가진 것이 없고, 아무것도 모르고, 아무것도 할 수 없다고 인정한다. 하지만 이런 깨달음에도 불구하고 낙심하지는 않는다. 자기가 그리스도 안에서 대단한 존재라는 것을 이미 알고 있기 때문이다. 그는 하나님께서 그분의 장중보옥(掌中寶玉)보다 자기를 더 소중히 여기신다는 것을 알고 있다. 자기에게 능력을 주시는 그리스도 안에서 모든 것을 할 수 있다는 걸 알고 있다. 그렇다! 하나님의 뜻 안에서 자기가 모든 것을 할 수 있다는 걸 안다.

자기사랑을 감춘 거짓 겸손

거짓 겸손은 겉모양만 다를 뿐 사실은 교만이다. 하나님 앞에서는 "하나님, 저는 약하고 죄 많고 어리석습니다"라고 자신을 가차 없이 비난하지만 그런 비난을 아내에게서 들었을 때에는 불 같이 화를 내는 사람은 가짜로 겸손한 것이다.

물론, 이런 사람이 꼭 위선자라는 것은 아니다. 그가 드린 자기비난의 기도와 아내의 비난에 대해 자신을 방어하는 것은 서로 모순되어 보이지만, 그럼에도 불구하고 모두 진심에서 나온 것일 수 있다. 이 두 가지가 닮은 점은 이것들이 동일한 부모에게서 태어났다는 것이다. 두 가지 모두 '자기사랑'이라는 아버지와 '자기신뢰'라는 어머니 밑에서 태어났다.

자존심이 강한 사람은 자연히 스스로에게 높은 기준을 적용하며, 그 기준에 미달했을 때에는 몹시 실망한다. 자존심 강한 그리스도인은 아주 높은 도덕적 이상을 갖고 있다. 그의 세대에 가장 거룩한 사람은 되지 못할지라도 그의 교회에서는 가장 경건한 사람인 경우도 있다. 그러나 은혜, 믿음 그리고 인간의 전적부패(全的腐敗)에 대해 말하면서도, 자기도 의식하지 못하는 사이에 자신을 의지하고 자기 향상을 꾀하며 자기를 위해 살아간다.

이런 사람은 아주 높은 이상을 갖고 있기 때문에 만일 그 이상에 도달하지 못하면 극심한 실망과 자기혐오에 빠진다. 그러다 보면 양심의 비난을 느끼게 되고, 그 양심의 비난을 자기의 겸손의 증거로 착각하게 된다. 그러나 이런 양심의 비난은 자신을 대단한 존재로 여겼던 사람이 자신의 기준에 미달하는 자신을 용서하기를 거부하는 것에 지나지 않는다.

이와 유사한 경우가 교만하고 야심적인 아버지들에게서 때때로 발견된다. 이런 아버지는 자기가 이루지 못했던 꿈을 자기의 아들이 이루기를 기대했지만, 자기의 기대가 물거품이 되자 아들을 용서하기를 거부한다. 아들의 실패에 대한 이 사람의 슬픔은 아들을 향한 사랑에서 나오는 것이 아니라 그의 자기사랑에서 나오는 것이다.

진정으로 겸손한 사람은 자기 안에서 덕(德)을 발견하게 될 것이라고 기대하지 않으며, 실제로 자기에게서 아무 덕을 발견하지 못한다 해도 실망하지 않는다. 자기가 행하는 모든 선행은 하나님께서 자기 안에서 일하셨기 때문에 가능했다는 것을 알고 있다. 혹시라도 자기의 능력으로 선을 행했다면, 그것이 겉으로 보기에 아무리 선해 보여도 사실은 선하지 않다는 것도 알고 있다.

그의 이런 생각이 일종의 무의식적 반사작용으로 나타날 정도로 그를 뼛속까지 지배하게 된다면, 그는 스스로에게 부과했던 높은 목표에 도달하려고 발버둥치는 피곤한 삶에서 해방될 것이다. 그리고 마음을 편히 갖게 될 것이고, 성령께서 자기 안에서 도덕법을 이루어주시도록 그분을 의지하게 될 것이고, 그의 삶의 중심을 자아에서 그리스도로 바꿀 것이다(사실, 본래 그리스도께서 처음부터 그의 삶의 중심이 되셨어야 했다). 그리고 이렇게 삶의 중심이 바뀐 그는 전에 그를 방해했던 수많은 것들이 사라진 상태에서 자유를 얻어 하나님의 뜻에 따라 그의 세대를 섬기게 될 것이다.

이런 사람이 혹시 어떤 식으로든 하나님을 실망시켜 드리게 되면 후회하며 회개하겠지만, 그렇다고 해서 자학하며 세월을 허송하지는 않을 것이다. 오히려 로렌스 형제처럼 "하나님, 저를 혼자 내버려 두시면 저는 이렇게 될 수밖에 없습니다. 제가 넘어지는 것을 막고 잘못된 것을 고치셔야 할 분은 하나님이십니다"라고 기도하고, 그 다음에는 자기의 잘못을 더 이상 고민하지 않을 것이다.

시기심을 감춘 거짓 겸손

거짓 겸손이 특히 활개를 치는 때는 우리가 믿음의 위인들의 글이나 그들의 전기를 읽을 때이다. 어거스틴을 읽으면 우리에게 어거스틴 같은 지성이 없다는 걸 알게 된다. 클레르보의 베르나르(1090-1153. 시토회를 창립했고 제1차 십자군 원정 중에 설교했다)를 읽고 그의 열정을 느끼면, 우리의 열정이 그에게 절대로 미치지 못한다는 것을 알게 된다. 조지 휫필드의 일기를 읽으면 "휫필드와 비교하면 나는 단지 초보자, 영적 초심자에 불과하다. 내 딴에는 열심히 산다고 헐떡거리지만, 내가 이루는 것은 거의 또는 전혀 없다"라고 고백하지 않을 수 없다. 사무엘 루더포드의 편지들을 읽으면, 그가 그리스도를 얼마나 사랑했는지를 알게 되고 "주님을 향한 사랑에 있어서 나와 루더포드를 비교하는 것은 가당치도 않다"라고 말하게 된다.

이렇게 되면 가짜 겸손이 진짜 겸손의 이름으로 일하기 시작해 우리를 자기연민과 자기비난의 혼란 속으로 처박아 아주 비참하게 만든다. 우리의 자기사랑은 분노에 사로잡혀 우리 자신을 공격하고 우리의 불경건함을 혹독히 꾸짖는다. 그러나 여기서 우리는 조심해야 한다. 우리가 뉘우침이라고 생각했던 것이 사실은 시기심이 왜곡된 형태로 나타난 것일 수 있다. 우리는 이 위대한 신앙인들을 단지 시기하고, 그들과 똑같이 될 수 없는 것에 절망하며, 우리의 낙심과 의기소침을 우리의 경건의 증거로 착각하는 것일 수 있다.

나는 두 부류의 그리스도인들을 만나보았다. 하나는 자기가 겸손하다고 상상하는 교만한 사람들이고, 또 하나는 자기가 교만해질까봐 걱정하는 겸손한 사람들이다. 그러나 제3의 부류가 있어야 하는데, 이들은 모든 것을 그리스도의 손에 맡겨드리고 "나는 나 자신을 선하게 만들려고 애쓰느라 시간을 낭비하는 사람이 되지는 않겠다"라고 말하면서 '자신을 잊어버리는' 사람들이다. 이런 사람들은 앞의 두 부류보다 훨씬 먼저 목적지에 이르게 될 것이다.

CHAPTER 28

침묵의 죄를 깨뜨리자

과거의 위대한 성도 중 한 사람은 유명한 찬송가에서 자기의 혀에게 '죄가 되는 침묵'을 깨고 주님을 찬양하라고 명한다. 이 찬송의 밑바탕에는 "하나님을 찬양하는 것이 옳다면, 그분을 찬양하지 않는 것은 잘못이므로, 침묵하는 혀는 죄를 범하는 것이다"라는 논리가 깔려 있다. R. A. 토레이 박사는 하나님을 사랑하라는 것이 가장 큰 계명이므로 그분을 사랑하지 않는 것이 가장 큰 죄라고 가르쳤다. 그분을 찬양하지 않는 것이나 그분을 사랑하지 않는 것 같은 죄는 '행하지 않음의 죄'이다. 어떤 행위를 통해 죄를 범한 것이 아니라, 행하지 않음이 죄가 되는 것이므로 적극적 죄가 아니라 소극적 죄라고 불려야 할 것이다. 하지만 소극적일지라도 죄는 죄이다.

부작위(不作爲)의 죄

모세의 율법에 의하면, 여호와의 진 안에 악이 있는 것을 알고도 침묵하면 죄가 되었다. 신약에서는 야고보가 "그러므로 사람이 선을 행할 줄 알고도 행하지 아니하면 죄니라"(약 4:17)라고 직설적으로 말한다. 겉으로 확 드러나는 잘못을 범하지 않으면서 깨끗하고 품위 있게 사는 많은 이들이 침묵과 '행하지 않음'의 죄 같은 드러나지 않는 죄에 깊이 물들어 있을 수도 있다는 것을 진지하게 생각해보라. 어떤 상황들에서는 아무 말도 하지 않는 것이 비도덕적인 것이며, 아무것도 하지 않는 것이 비열한 부도덕이다.

성경은 사려 깊고 신중한 것을 극구 칭찬하지만, 겁쟁이는 가차 없이 비판한다. 신약의 명백한 교훈에 따르면, 그리스도께서는 이 땅의 사람들 앞에서 두려움에 사로잡혀 그분을 부인한 사람을 하늘의 아버지 앞에서 부인하실 것이다(마 10:33). 그리고 요한계시록에 의하면, 두려워하는 자들은 믿지 아니하는 자들과 살인자들과 음행하는 자들과 점술가들과 거짓말하는 자들과 한 무리로 분류될 것이며, 이들 모두가 불과 유황으로 타는 못에 던져질 것이다(계 21:8). 도덕적 문제에서 용기를 내지 못하는 것은 큰 해악을 끼치는 중한 죄임에 틀림없다.

믿음과 사랑과 충성심이 우리의 용기 있는 발언을 요구함에도 불구하고 두려움에 사로잡혀 침묵하는 것은 분명한 악이기 때문에 영원한 정의의 법정에서 악으로 판결 받을 것이다. 하나님의 영광과 인류의 유익을 위해 마땅히 행동해야 함에도 그렇게 하지 못하는 것은 순전히 죄악이다. 하나님은 이런 죄악을 그냥 보아 넘기시지 않을 것이며, 계속 이 죄악 가운데 머물러 있는 자를 용서하지 않으실 것이다.

'침묵'과 '행하지 않음'이 죄라는 것은 단지 학문적인 얘기가 아니다. 이 죄는 아주 실제적인 것이기 때문에 어느 때에라도, 또한 우리 중 누구에게라도 악영향을 끼칠 수 있다. 침묵을 깨고 말하고 행동에 나서도록 의(義)가 요구하는 상황이 벌어지면, 도덕적 원리가 즉시 현실에 적용되어야 한다. 그런 상황에서 아무 말없이 꼼짝 않고 있는 것은 실제로 죄를 범하는 것과 같다.

세계 역사상 그 어떤 시대보다 오늘날 침묵의 죄가 더욱 만연해 있다는 사실은 현대 세계의 상황이 얼마나 심각한지를 말해준다. 하나의 극도로 사악한 이념(ideology)이 조직화되어, 교활하고 잔인하고 비인간적이고 광신자 집단처럼 집요한 세계적 음모를 낳았다. 이 세계적 음모는 마귀가 이제까지 기독교를 흉내 내어 만들어낸 것들 중 가장 교활하고 가장 효과적인 것으로, 바로 공산주의이다.

비유적으로 표현하자면, 공산주의가 만들어낸 현상은 게헨나(Gehenna: 신약성경에서 지옥을 가리키는 말로 사용된 단어)의

끓는 가마솥에서 새어 나온 독성 증기가 사람들의 뇌로 들어가 그들을 양심도 없고 일반적 품위조차 없는 도덕적 저능아로 만들어버린 것과 같다. 그들은 세상의 다른 어느 곳에서도 볼 수 없을 정도로 무엇엔가 단단히 홀려서 도덕적으로 이성을 잃은 것처럼 보인다. 이런 사람들이 비록 수적으로는 소수이지만, 그들이 세계 평화에 가하는 위협은 세상에서 그 유례를 찾아볼 수 없을 정도로 심각하고 치명적이다.

그토록 거대한 악이 우리에게 어두운 그늘을 드리우고 있는 이 상황에서 식자층(識者層)이 어찌 침묵하고 있을 수 있는가? 인간과 짐승을 가르는 모든 가치들이 파괴되고, 삶을 삶답게 만들어주는 모든 정신적 특징들이 소멸되고 있는 현재의 상황을 빤히 보면서 비공산권(非共産圈) 진영의 사람이 어떻게 가만히 있을 수 있는가?

어느 편에도 서지 않겠다고 선언한 정치인은 사실 이미 그의 입장을 선택한 것이다. 그는 관용을 명분으로 내세우며 유보적 입장을 표명하지만, 그렇게 함으로써 이미 조국과 인류를 배신한 반역자가 된 것이다.

원수의 침입에 침묵하는 죄

내가 이제까지 지적한 모든 것이 매우 심각한 문제이지만, 훨씬 더 심각한 문제가 있다. 그것은 원수가 몰래 성소에 들어와 거룩한 곳을 오염시키고 있음에도 불구하고 사람들이 자신의 입장을 밝히지도 않고 분연히 일어나 외치지도 않는다는 것이다. 자유나 품위 그리고 개인의 존엄성 같은 인간의 가치들이 소중한 것은 사실이지만, 신적 가치들은 무한히 더 소중하다. 성령의 감동에 의해 계시되고 영원한 언약의 보혈을 통해 우리에게 주어진 영적 보물들은 하늘이 땅보다 높음 같이 인간의 가치들보다 더욱 고귀하다. 속량의 계시의 메시지와 실천에 담긴 하나님의 지혜는 금은보화보다 더 귀중하다. 성경은 이렇게 말한다.

"지혜를 얻는 것이 은을 얻는 것보다 낫고 그 이익이 정금보다 나음이니라 지혜는 진주보다 귀하니 네가 사모하는 모든 것으로도 이에 비교할 수 없도다 그의 오른손에는 장수가 있고 그의 왼손에는 부귀가 있나니 그 길은 즐거운 길이요 그의 지름길은 다 평강이니라"(잠 3:14-17).

교회가 이 무한히 귀중한 보물을 잃어버릴 수도 있는 중대한 위험에 처해 있다는 사실은 세계 역사의 이 시점에 종교가 어떤 상태에 있는지를 아주 잘 말해준다. 지금 교회의 금이 구리로, 교회의 다이아몬드는 유리로 변질되고 있다. 지금 가인(Cain)의 종교가 상승세를 타면서 십자가의 깃발을 들고 진군하고 있다. 성경을 믿는다고 큰 소리로 떠들어대는 사람들에게도 성경은 사실상 실제적 영향을 끼치지 못하고 있다. 소설, 영화,

장난, 놀이, 종교적 연예오락, 할리우드의 가치관, 거대기업의 테크닉 그리고 싸구려 세상 철학들이 지금 성소를 가득 채우고 있다.

근심하시는 성령께서 이 혼란스런 곳에 내려덮이시지만, 아직 빛은 터져 나오지 않고 있다. 소위 부흥이라는 것이 찾아오지만, 조직화된 죄에 대한 반감을 불러일으키지는 못한다. 그리고 그 부흥은 공동체의 도덕적 수준을 끌어올리지 못한 채, 신앙을 고백하는 그리스도인들의 삶을 정화하지 못한 채 떠나가버린다.

하나님의 참된 자녀 중 너무나 많은 이들이, 특히 설교자들이 하나님께 '침묵의 죄'를 범하는 것은 아닐까? 그리스도의 만져주심에 의해 눈을 뜬 사람들이 목소리를 내고 행동에 나설 때 하나님께서 진리의 편에 서서 다시 싸움을 시작하실 것이라고 나는 믿는다.

내 간절한 소원을 말할 것 같으면, 선지자들과 개혁가들의 함성이 나른한 상태에서 졸고 있는 교회 위에 다시 한 번 울려 퍼지는 것을 듣고 싶다. 이런 선지자들과 개혁가들은 그들의 담대함 때문에 대가를 치르게 되겠지만, 그 열매를 생각하면 그런 대가는 결코 헛된 것이 아니다.

29 CHAPTER

올바른 헌금

그리스도인과 그의 돈의 관계는 도저히 뗄 수 없을 만큼 너무 깊이 결부되어 있기 때문에 우리는 이 문제를 논하는 것을 주저하게 된다. 그러나 이것은 매우 중요하기 때문에 그리스도의 선한 종의 자격을 갖추기 원하는 사람은 이 문제를 피해 갈 수 없다. 이 문제를 잘 해결하는 사람만이 심판의 날에 '부족한 사람'으로 드러나지 않을 것이다.

이제 우리에게는 이 문제를 성경의 빛에 비추어 정리해줄 사람이 필요하다. 하나님의 사람들은 이 문제에 담대히 접근하는 사람에게 감사해야 할 것이다.

헌금을 올바르게 드리는 법

그리스도인들이 헌금을 할 때에는 다음과 같은 네 가지 관점에서 깊이 생각해보아야 한다. 첫째, 체계적으로(규칙적으로) 헌금해야 한다. 둘째, 올바른 동기에서 드려야 한다. 셋째, 우리의 경제적 능력에 비례해 충분히 드려야 한다. 넷째, 올바른 곳에 헌금해야 한다. 이제 이를 하나씩 살펴보자.

1. 규칙적으로

첫째, 우리는 물질을 주님께 규칙적으로 드려야 한다. 우리는 헌금하는 것을 자꾸 잊어버림으로 헌금을 빼먹는 습관에 빠지기 쉽다. 그럴 때면 우리는 스스로에게 "지금은 형편이 어려우니 드릴 수 없고, 앞으로 형편이 좋아지면 그동안 밀린 헌금을 한꺼번에 드리자"라고 말한다. 또는 "내가 체계적으로 헌금을 하지는 않지만 그래도 내 헌금 액수를 다 계산해보면 내 소득의 10분의 1을 훨씬 넘는 돈을 헌금으로 드린다는 사실이 드러날 것이다"라고 말하며 자신을 안심시킨다. 그러나 이런 말들로 우리는 자신을 속인다. 간헐적으로 불규칙하게 헌금을 하면 실제보다 훨씬 더 많이 드렸다는 착각에 빠지기 쉽다. 이런 식으로 헌금하는 사람이 어쩌다 시간을 내서 자기의 헌금 액수를 계산해보면, 자기가 얼마나 적은 헌금을 드렸는지 알고 깜짝 놀랄 것이다.

2. 올바른 동기에 따라

둘째, 우리는 올바른 동기에 따라 드려야 한다. 교회나 선교회에 헌금하는 사람의 마음이 그의 헌금에 담기지 않으면 사실 그의 입장에서는 돈을 낭비한 것이다. 마음이 실리지 않은 헌금이라도 받는 사람에게는 어느 정도 유익을 줄 수 있겠지만, 주는 사람에게는 아무 상급이 되지 못한다. 사도 바울은 "내가 내게 있는 모든 것으로 구제하고 또 내 몸을 불사르게 내줄지라도 사랑이 없으면 내게 아무 유익이 없느니라"(고전 13:3)라고 가르친다.

3. 충분하게

셋째, 우리가 소유한 것에 비례해 충분히 드려야 한다. 이 진리는 두 렙돈을 헌금한 가난한 과부의 이야기에서 아주 잘 드러난다. 이 과부는 "그 가난한 중에서"(막 12:44) 하나님께 드렸다. 그녀의 헌금은 비록 적은 금액이었지만, 하나님이 보시기에는 "그 풍족한 중에서"(막 12:44) 드린 부자들의 많은 헌금을 다 합친 것보다 훨씬 더 귀한 것이었다. 이 교훈은 엄숙한 경고이다. 이 경고에 귀를 기울이는 사람은 복되다.

우리는 눈에 보이는 것으로 판단하기 때문에 거액의 헌금을 중요시하고 소액의 헌금에 대해서는 언급조차 하지 않고 넘어가는 경향이 있다. 그러나 이런 경향을 고치지 않으면 그리스도의 날에 두려움과 충격을 맛보게 될 것이다. 당신이 헌금생활을 올바로 하고 있는지 아닌지를 알고 싶은가? 주님께서 장차 상급을 주시는 날에 당신에게 무엇이 돌아올 것인지를 알고 싶은가? 그렇다면 가장 확실한 이 한 가지 기준을 명심하라. 내 헌금에 대한 상급을 결정짓는 기준은 내가 얼마나 많이 드렸는가 하는 것이 아니라, 내가 내 것으로 얼마나 많이 남겨두었는가 하는 것이다.

목회자들은 때때로 이런 기준을 교인들에게 가르치는 것을 회피하는데 그 이유는 헌금을 많이 하는 교인들에게 불쾌감을 주지 않기 위해서이다. 그러나 교회 안에 거하시는 하나님의 거룩한 영을 근심하게 하는 것보다 차라리 사람에게 불쾌감을 주는 것이 더 낫다.

기분 나쁘다고 교회에 헌금을 하지 않은 사람 때문에 하나님의 참된 교회가 망한 적은 이제까지 한 번도 없다. 교회는 사람들의 후원에 의존하지 않는다. 불만의 표시로 헌금을 거부해서 교회에 해를 끼칠 수 있었던 사람은 이제까지 한 명도 없다. 우리가 육신적인 마음으로 헌금하는 교인의 심기를 건드릴까봐 두려워한다는 것은 우리의 교회가 하늘에 속하지 않고 땅에 속해 있다고 인정하는 것과 마찬가지이다. 어떤 교회가 하늘에 속한 교회라면, 그런 교회는 하늘의 초자연적 번영을 누리게 될 것이다. 그런 교회는 결코 굶주리지 않을 것이다. 주님께서 필요한 것들을 채워주실 것이기 때문이다.

4. 주님이 원하시는 곳에

넷째, 우리의 하늘 아버지를 기쁘게 해드리려고 한다면, 주님의 재림 때에 우리의 헌금이 "나무나 풀이나 짚"(고전 3:12)으로 판명되지 않기를 원한다면, 누구에게 헌금할 것인지를 아주 지혜롭게 판단해야 한다.

어디에 헌금할 것인가 하는 것은 매우 중요한 문제이다. 우리는 이 문제에 대해 결정을 내릴 수 있을 때 결정을 내리는 것이 좋다. 부주의하게, 지혜롭지 못하게, 편견을 갖고 헌금을 하면 그것은 거룩한 수백 만 원을 낭비하는 것이다. 많은 신자들이 별생각 없이 기분 내키는 대로 이곳저곳에 헌금하는 습관이 있는데, 그렇게 하는 이유는 장차 주님께 그들의 헌금방법에 대해 해명할 필요가 없을 것이라고 믿기 때문일 것이다.

자기들의 헌금방법에 대해 주님께서 어떤 생각을 갖고 계시는지를 모르기 때문에 그들은 우연히 나타나 그럴듯한 이야기를 늘어놓는 사람의 말에 넘어가 선뜻 돈을 바친다. 이렇게 돈을 우려내는 방법을 통해 수많은 종교적 장사꾼이 번성하고 있지만, 사실 이런 자들은 하나님을 공경하는 진지한 사람들에게서 단돈 1원도 받을 자격이 없는 자들이다.

내 말을 듣고 어떤 이들은 이렇게 말할지 모르겠다.

"내가 굳이 이래라저래라 할 필요가 있는가? 사람들이 자기가 원하는 곳에다 돈을 주도록 내버려 두자. 어차피 그들의 돈인데, 그들이 자기 돈으로 자기가 하고 싶은 대로 하면 되는 것 아닌가?"

그러나 그렇게 간단한 것이 아니다. 우리가 했던 모든 무익한 말에 대해 장차 주님 앞에서 해명해야 한다는 사실에 비추어볼 때, 우리가 드린 모든 무익한 헌금에 대해서도 역시 해명해야 할 것이라는 사실을 인정해야 한다. 사람들의 모든 행위를 심판하시는 날에 하나님께서는 간헐적으로, 기도하지 않고, 기분 내키는 대로 드린 헌금을 그분의 의로운 눈으로 철저히 들여다보실 것이다. 그러므로 이제 우리는 우리의 헌금 습관을 바로 잡아야 할 것이다. 조금만 시간이 흐르면 너무 늦어버릴지 모른다.

CHAPTER 30

진정한 자유에는 울타리가 있다

자유는 무한히 귀중하다. 자유가 주어지면, 거의 모든 종류의 삶이 즐거워진다. 자유가 없으면 삶은 즐거울 수 없고, 단지 견뎌내면서 생존하는 것에 지나지 않는다.

수백만의 사람이 자유를 지키기 위해 목숨을 잃었고, 모든 이가 자유를 칭송하지만, 자유가 자유의 옹호자들에게 올바로 이해되지 못하고 자유의 친구들의 집에서 쓰라린 상처를 입는 것은 비극이다. 내가 볼 때, 이런 문제가 생기는 것은 자유가 무한하다고 믿기 때문이다. 진정한 자유와 무한한 자유는 비슷하게 생겼지만 결코 똑같지 않다.

한계 안에서 자유한 자유

거룩한 법을 지키는 자유, 그리스도의 계명을 지키는 자유, 인류를 섬기는 자유, 속량 받은 우리의 본성 안에 있는 잠재적 가능성들을 모두 온전히 발전시키는 자유, 이런 것들이 진정한 자유이다. 어떤 한계 안에 머무는 자유가 진정한 자유이다. 참된 기독교적 자유는 우리의 정욕대로 마음껏 살거나 우리의 타락한 욕망들을 추구하도록 허락하지 않는다.

루시퍼(사탄)는 무제한의 자유를 얻겠다는 욕망 때문에 타락했고, 범죄한 천사들도 역시 같은 욕망 때문에 멸망했다. 이들은 자기들이 원하는 대로 할 수 있는 자유를 추구했다. 그런 자유를 얻기 위해 아름다운 자유, 즉 하나님의 뜻을 행할 수 있는 자유를 버렸다. 그리고 인류도 그들을 따라 비극적인 도덕적 잘못을 범했다.

시간을 내서 조금만 생각해보아도, 이 우주 안에 절대적 자유라는 것이 없다는 걸 금방 알게 된다. 오직 하나님만이 자유로우시다. 피조물의 자유가 창조주의 뜻에 의해 제한되는 것은 피조물의 본질적 운명이다. 자유의 제한은 피조물의 본질의 한 부분이다. 천국이 영광스러운 곳이 되는 까닭은 그곳에 거하는 자들이 누리는 자유의 성격 때문이다. '천만 천사, 장자들의 모임과 교회, 그리고 온전하게 된 의인의 영들'(히 12:22,23)에게는 하나님의 광대한 목적들을 이루어드릴 수 있는 자유가 허락되었다. 이들이 이런 자유를 통해 누릴 수 있는 행복은 무제한적 자유를 통해 얻을 수 있는 행복보다 무한히 더 크다.

지나친 자유의 위험성

무제한적 자유는 인간의 삶의 어느 분야에서든 치명적 결과를 낳는다. 정부의 형태에서는 무정부 상태를, 가정생활에서는 자유연애(부부가 아닌 사이에서도 성관계가 얼마든지 가능하다는 사고방식)를, 종교에서는 반율법주의를 불러올 수 있다. 암세포는 인체의 세포 중 가장 자유로운 세포이지만, 계속 성장하면 유기체를 죽일 수 있다. 건강한 사회는 그 사회의 구성원이 제한된 자유를 받아들일 것을 요구한다. 각 구성원은 전체의 자유를 위해 자신의 자유를 축소해야 하는데, 이 법은 온 피조 세계에 적용되며, 하나님의 나라도 예외는 아니다.

지나친 자유는 모든 것을 망칠 수도 있다. 자신의 자유를 포기하고 자연의 법에 복종할 때 비로소 밀이 익을 수 있다. 울새는 여름 내내 자기의 자유를 즐기며 여러 곳을 날아다닐 수도 있지만, 어린 새끼들로 가득 찬 둥지를 원한다면 몇 주 동안 자진해서 꼼짝하지 않고 앉아 있어야 한다. 그렇게 앉아 있는 동안 그 부드러운 깃털 아래에서 신비로운 생명이 태동하기 때문이다. 울새는 새끼를 포기하고 자유를 누리든지 아니면 자신의 자유를 축소하고 새끼를 얻든지 양자택일해야 한다.

자유사회에 사는 모든 사람도 자기의 자유를 오용하든지, 아니면 지혜롭고 윤리적인 목적들을 이루기 위해 자신의 자유를 축소해야 하는 양자택일에 직면한다. 가정과 직장에 대한 책임을 다해 결국 인류에게 유용한 존재가 될 수도 있고, 모든 책임을 회피해 결국 사회의 밑바닥으로 떨어질 수도 있다. 부랑자는 왕이나 기업체 대표보다 더 자유롭지만, 바로 그 자유 때문에 실패자가 되는 것이다. 살아 있을 때에는 사회에 아무 도움이 안 되고, 죽더라도 세상이 "당신이 이 세상에 있었기 때문에 우리가 즐거웠습니다"라고 말하지 않는다.

너무 많은 자유의 위험성이 그리스도인을 늘 따라다니는 것은 사실이다. 그는 진정으로 자유롭지만, 그의 자유 때문에 유혹에 넘어갈 수도 있다. 사실 그는 죄의 속박에서 자유롭고, 용서받은 악한 행위들의 도덕적 결과들에서 자유롭고, 하나님의 불쾌하게 여기심과 율법의 저주로부터 자유롭다. 은혜가 그가 갇혀 있는 감옥의 문을 활짝 열어주었다. 이제 그는 그 옛날의 바라바(요 18:40)처럼 자유롭게 어디든 갈 수 있다. '다른 분'이 그 대신 돌아가셨기 때문이다.

이 모든 것은 기독교를 배운 그리스도인이라면 익히 아는 것이다. 이런 그리스도인은 거짓 선생과 잘못 배운 광신자가 그의 목에 속박의 멍에를 대갈못으로 고정시키도록 내버려두지 않는다. 그는 자유롭다!

자유를 자유답게 사용하라

이제 그는 자신의 자유를 어떻게 사용해야 할 것인가? 두 가지 길이 있다. 하나는 그리스도의 보혈을 통해 주어진 자유를 육신의 정욕을 위해 악용하는 것이다(신약성경은 실제로 그렇게 하는 사람들이 있다고 지적한다). 다른 하나는 낙타처럼 무릎을 굽혀 자발적으로 짐을 지는 것이다.

그렇다면 짐을 진다는 것은 무엇을 의미하는가? 그것은 그의 동료 인간의 고통을 최대한 덜어주기 위해 자기가 해야 할 일을 하는 것이다. 잃어버린 세상에 대해 사도 바울처럼 빚진 자로서 그 빚을 갚는 것이다. 굶주림의 고통을 호소하는 어린 아이들에게 먹을 것을 주는 것이다. 고대 이스라엘 민족의 바벨론 포로생활 같은 상태에 빠져 있는 교회를 건져내는 것이다. 신속히 퍼져나가는 사악한 교리들과 거짓 선지자들의 성공을 저지하는 것이다. 소위 기독교 국가들의 도덕적 기초들이 서서히 썩어가는 것을 막는 것이다. 자기희생, 십자가를 지는 것, 철야기도 그리고 담대한 증거를 통해 세상의 고통을 덜어주고 세상을 바로 잡는 것이다.

기독교는 자유의 종교이다. 민주주의는 자유가 사회 안에서 체계화되어 있는 것이다. 그러나 이 자유에 대한 오해를 바로잡지 않으면 머지않아 우리에게는 기독교도 없고 민주주의도 없게 될지 모른다. 자유로운 사람들은 정치적 자유를 지키기 위해 자발적으로 짐을 져야 한다. 값없이 주시는 은혜를 통해 구원 얻는 종교를 지키기 위해 아주 많은 그리스도인은 자유를 누릴 수 있는 권리를 포기하고, 이제까지 졌던 짐보다 더 큰 짐을 스스로 져야 한다.

국가는 위기에 빠졌을 때 자유를 위해 싸울 사람들을 징집할 수 있지만, 주님의 군대는 사람들을 징집할 수 없다. 십자가를 지려는 그리스도인은 자신의 자유로운 선택에 의해 십자가를 어깨 위에 올려놓아야 한다. 굶주린 자를 먹이고, 잃어버린 자들에 복음을 전하며, 부흥을 위해 기도하고, 그리스도와 고통 받는 인류를 위해 자신을 희생하도록 강요할 수 있는 국가나 단체는 없기 때문이다.

이상적인 그리스도인은 자신이 원하는 대로 행할 수 있는 자유가 허락되었다는 것을 알면서도 자진해서 남들을 섬긴다. 이 길이 그리스도께서 가신 길이다. 그분을 따르는 사람은 복이 있다.

PART

5

GOD TELLS THE MAN WHO CARES

사랑할수록 더 깊이 닮아간다

CHAPTER 31

선언하고 선포하고 증언하라

교회의 사명은 선언하고 선포하고 증언하는 것이다. 교회가 이 땅 위에 남겨진 목적은 하나님으로부터 받은 위대하고 영원한 진리들을 증언하기 위함이다. 교회가 말해주지 않으면 세상은 이 진리들을 도저히 알 수 없다. 예수님은 갓 태어난 교회에게 "그러므로 너희는 가서 모든 민족을 제자로 삼아"(마 28:19)라고 명하셨다. 교회는 가르쳐야 했고, 세상은 들어야 했다. 또한 교회의 증거를 받은 자들은 모두 세례를 받고 하나님 나라의 비밀을 더욱 깊이 배워야 했다.

이것이 죽음에서 부활하신 그리스도께서 세우신 질서였다. 최초의 그리스도인들이 보고 들었던 기적들이 처음에는 그들을 두려움에 빠뜨렸지만 이후에는 큰 영적 감동으로 충만케 했고, 그들은 그 감동을 마음속에 묻어둘 수 없었다. 그들은 주님께서 걸어 나오신 열린 무덤을 떠나, 말 그대로 세상으로 달려가 부활의 소식을 전했다.

그로부터 얼마의 시간이 흐른 후 성령께서 그들에게 임하사 진리를 확증해주셨고, 그들의 증거에 도덕적 능력의 새 영감을 더해주셨다.

입장이 바뀌다

이것이 교회의 시작이었다. 초대교회에게는 메시지가 있었고, 세상은 그 메시지를 들으면 되었다. 제자들은 아버지와 함께 계시다가 사람들에게 나타나신 영원한 생명에 대해 들었고, 자세히 보았고, 손으로 만졌다. 그리고 도저히 거역할 수 없는 이끄심에 끌려 유대인과 헬라인, 노예와 자유인, 높은 자와 낮은 자에게 가서 말하고 증언하고 선포했다.

그들의 뒤를 이은 그리스도인 세대는 인간의 눈으로는 그리스도를 보지 못했지만, 그분을 만나는 살아 있는 체험과 성령의 내적 증거에 의해 그분을 알게 되었다. 그리고 초대교회 신자들만큼 열정적으로 복음을 전했다. 그들에게는 세상에게 들려줄 이야기가 있었다. 그들은 열정적으로 증언하는 증인이었다. 세상에게 너무나 절박하게 필요한 진리였기에, 세상이 절대 무시해서는 안 되는 진리를 자기들이 갖고 있다고 확신하면서 헌신한 열혈분자였다.

그들은 어느 곳에서나 그렇게 살았다. 그들은 '음성이 많은 물소리 같고 금 촛대 사이에서 걸으시는 분'을 의식했을 때 그분의 음성을 전하기 위해 일어났고, 세상은 그들의 증언을 들어야 했다. 때때로 세상은 그들에게 유익을 주려는 그리스도인들에게 등을 돌리고 박해해 죽였고, 때로는 세례 요한의 책망을 들었던 헤롯처럼 교회의 말에 깊이 감동을 느끼면서도 순종할 마음은 갖지 않았다. 하지만 또 어떤 때에는 마음을 열고 들어 회개하고 그리스도를 따르는 많은 이들이 있었다.

분명한 것은 세상은 언제나 '듣는 쪽'이었다는 것이다. 즉 교회는 말했고, 세상은 들었다. 그리스도께서 말씀하신 그대로 된 것이다. 그리스도께서는 교회가 말하고 세상이 들어야 한다고 말씀하셨다.

그러나 오, 너희 하늘아, 들어라! 오, 땅아, 놀라라! 교회와 세상의 입장이 완전히 바뀌어버렸다. 이런 변화는 정말로 너무 철저하고 희한하게 일어났다. 만일 누군가 불과 몇 년 전에 이런 '입장의 뒤바뀜'을 예언했다면 아무도 그 말을 믿지 않았을 것이다.

어느 날부턴가 교회는 증언을 잃어버렸다. 세상에게 들려줄 말이 더 이상 없어졌다. 과거에는 확신으로 충만해 외쳤지만, 지금은 속삭이듯 변명한다. 전에는 밖으로 나가 선포했지만,

지금은 밖으로 나가 질문한다. 단호히 선언했던 교회가 이제는 공손한 자세로 세상에게 제안한다. 세상에게 종교적 조언을 주지만, 어차피 이 제안이 애당초 상대에게 강하게 말할 의도조차 없이 던지는 하나의 의견일 뿐이라는 것을 너무나 잘 안다.

문제는 여기서 끝나지 않는다는 데 있다. 이제는 양쪽의 입장이 완전히 바뀌어 그리스도의 일꾼들이 빛을 구하러 세상으로 나가고 있다. 그들은 아담의 발아래 앉아 가르침을 받고, 머리 좋은 신중한 사람들에게 메시지의 검토를 받은 다음에 그것을 전한다. 눈으로 본 데서 나오는 확실성과 귀로 들은 데서 나오는 확신은 이제 어디로 갔는가?

권위를 잃어버린 교회

그렇다면, 이 문제에 대해 좀 더 구체적으로 생각해보자. 나는 지금 성경의 권위를 부인하는 자유주의자들을 가리켜 말하는 것이 아니다. 차라리 그랬으면 좋겠다. 나는 자유주의자들이 이미 오래 전에 죽은 사람들이라고 믿기 때문에 그들에게는 아무 기대도 하지 않는다. 나는 지금 복음주의적 교회, 즉 복음을 믿는 교회들에 대해서 이야기하고 있다.

이런 교회들이 사용하는 대중적 전도 방법은 권위의 흔적조차 갖추지 못한 채 성경구절을 잔뜩 제시할 뿐이다. 그들은 세상의 가치를 그대로 받아들인다. 죄인들을 꾸짖지만, 그것은 마치 오래 전에 가족에 대한 지배력을 상실해 가족의 복종을 기대하지도 않는 아버지가 힘없이 꾸짖는 것과 다를 바 없다. 그리스도를 전하지만, 그 그리스도는 주님으로서의 주권의 냄새조차 풍기지 못하는 종교적 '신경안정제' 정도에 불과하다. 세상의 방법들을 받아들이고 부자와 정치인과 한량들의 호의를 구걸한다. 그리고 그 사람들이 이따금 선심 쓰듯이 예수님에 대해 좋은 말을 해주면 아주 고마워한다.

기독교 저널리즘, 즉 기독교계의 신문이나 잡지나 방송을 보자. 겉으로는 정통 신앙을 표방하지만 세속의 저널리즘을 열심히 모방하기 때문에 외양(外樣), 논조, 정신, 언어사용, 방법 및 목적에 있어서 세속의 저널리즘과 거의 구별이 안 된다.

지금의 기독교는 그리스도에게 "우리가 우리 떡을 먹으며 우리 옷을 입으리니 다만 당신의 이름으로 우리를 부르게 하여 우리가 수치를 면하게 하라"(사 4:1)라고 말한다. 지금 그리스도인 대중은 예수님을 영접했지만 예배가 무엇인지 전혀 모르고, 교회를 극장으로 바꾸며, 십자가를 오해한다. 그리스도의 제자로서 살아가려면 얼마나 큰 대가를 지불해야 하는지에 대해 전혀 모른다.

또한 이제 나는 정통주의와의 경계에 서 있는 자유주의자들의 새로운 무리에 대해 언급하지 않을 수 없다. 이들은 정통주의의 언어를 사용하지만, 사실은 옛 자유주의자들과 동행하는 자들이다. 이들이 '십자가의 수치'에서 벗어나기 위해 만들어놓은 것은 '지성(知性)의 현란한 과시'이다(좀 더 정확히 말하면, 그들은 그것이 '지성의 현란한 과시'라고 '믿고' 싶어 한다).

지금 교회는 과거 이스라엘 민족처럼 포로로 잡혀 있다. 이스라엘이 외국 땅에서 시온의 노래를 부를 수 없었듯이, 지금 속박 가운데 있는 교회는 선포할 권위적인 메시지를 갖고 있지 못하다. 그리하여 방송의 뉴스거리를 설교의 본문으로 삼고, 〈타임〉(TIME) 지에서 주제를 얻어 설교한다. 가까운 거리에서 몇 시간 동안 살인사건이나 굵직한 사건이 터지지 않을 때는 기삿거리 문제로 골머리를 앓는 일간신문 편집자처럼, 바벨론에 포로가 되어 있는 오늘날의 선지자는 전쟁이 터지거나 중동 정세에 새로운 변화가 생기거나 획기적인 우주개발의 성과가 발표되기만을 학수고대한다. 왜냐하면 그래야만 설교거리가 생겨 입을 열 수 있고, '설교자로서의 생명'을 연장할 수 있기 때문이다.

세상에 선포하라

그러나 교회는 시사평론이나 하라고 부름을 받은 것이 아니다. 그렇다면, 교회는 무엇을 선포해야 하는가? 보냄을 받은 교회가 세상을 향해 외치지 않으면 안 되는 확실한, 사실에 근거한, 영원한 말씀은 무엇인가?

첫째, 하나님께서 모든 것이 되신다는 메시지이다. 그분은 다른 모든 실재(實在)들에게 의미를 주시는 실재이시다. 여호와 하나님께서는 이렇게 선언하셨다.

"나 여호와가 말하노라 너희는 나의 증인, 나의 종으로 택함을 입었나니 이는 너희가 나를 알고 믿으며 내가 그인 줄 깨닫게 하려 함이라 나의 전에 지음을 받은 신이 없었느니라 나의 후에도 없으리라 … 과연 태초로부터 나는 그이니 내 손에서 건질 자가 없도다"(사 43:10,13).

교회가 전할 두 번째 위대한 메시지는 우리가 하나님에 의해, 그분을 위해 지음 받았다는 것이다. "나는 어디에서 왔어요?"라는 질문에 대한 최고의 대답은 어머니가 아이에게 들려주는 대답, 즉 "하나님이 너를 만드셨단다"라는 말이다. 세상의 지식을 다 긁어모아도 이 단순한 대답보다 더 좋은 대답을 만들어낼 수는 없다.

물질이 어떻게 작동하는지를 밝히기 위해 과학이 깊이 연구되어 왔지만, 물질의 기원은 깊은 침묵에 덮인 채 어떤 질문에도 대답을 하지 않고 있다. 천지를 만드시고 땅 위에 인간을 만드신 하나님께서는 그분 자신을 위해 인간을 만드셨다. "왜 하나님께서 나를 만드셨나요?"라는 질문에 대한 유일한 대답은 그분이 그분을 위해 우리를 만드셨다는 것이다!

그리스도인은 논쟁을 하거나 설득을 하거나 증명하라고 보냄 받은 것이 아니라, "여호와께서 이렇게 말씀하셨느니라"라고 선포하기 위해 보냄을 받았다. 이런 선포의 사명을 충실히 감당하면 그 결과는 하나님이 책임지신다. 그분은 그분을 위해 우리를 만드셨다! 이 진리를 뛰어넘는 어떤 새로운 사실은 우리에게 알려지지도 않았고 우리가 알 수도 없다. 이 진리는 인간의 존재에 대해 말할 수 있는 모든 것을 담고 있다. 여기에 아무리 많은 것을 덧붙인다 할지라도 그것은 주석(註釋)에 불과하다.

하나님이 누구이시고 우리가 누구인지를 깨달았다면, 가장 중요한 문제로 떠오르는 것은 그분과 우리 사이의 올바른 관계의 문제이다. 그분이 우리 안에서 영광을 받으셔야 한다는 것은 매우 중요하기 때문에 다른 모든 것들을 제치고 홀로 빛을 발해야 한다. 그분께 영광을 돌려야 한다는 것은 인간의 마음을 가장 먼저 사로잡아야 할 명령이다. 그분이 우리를 영원히 기뻐하시도록 행동하는 것이 모든 사람에게 가장 책임 있는 행동이 되어야 한다.

우리에게 오신 하나님

우리의 죄와 도덕적 무지를 생각할 때, 우리가 하나님과 우리 사이에 이런 복된 관계를 만들어낼 수 없다는 것이 즉시 분명해진다. 우리가 그분께 갈 수 없다면, 어떻게 해야 하는가? 이 질문에 대한 대답은 기독교의 증거, 즉 "하나님께서 성육신을 통해 인간에게 오셨다"라는 증거에서 발견된다. "예수가 누구이냐?"라고 세상이 묻는다면 교회는 "예수는 우리에게 오신 하나님이시다"라고 대답한다.

그분이 오신 것은 우리를 찾고, 우리의 마음을 얻고, 우리를 하나님께 되돌리기 위함이다. 그렇게 하기 위해 그분은 속량의 죽음이라는 대가를 치르셔야 했다. 우리의 죄를 도말(塗抹)하고, 우리의 범죄의 기록을 파기하며, 우리 안에 깊이 뿌리박힌 죄의 능력을 어떤 방법으로든 깨뜨리셔야 했다. 이 모든 것을 완전히, 효과적으로, 영원히 이루신 것이 그분의 십자가 사건이라고 말하는 것이 기독교의 증거이다.

"예수는 지금 어디에 계신가?"라고 세상이 묻는다면 그리스도인은 "하나님의 우편에 계시다"라고 대답한다. 그분은 죽으셨지만 지금은 살아 계시다. 그분 자신의 예언처럼 죽은 자들로부터 다시 사셨다. 진지하고 믿을 만한 목격자 수십 명이 부활하신 그분을 보았다. 그 무엇보다 좋은 것은 지금 성령께서 '죽은 그리스도'가 아니라 '살아 계신 그리스도'를 그리스도인의 마음에 계시해주신다는 것이다. 우리는 그리스도의 부활의 현장에 있다가 그분의 부활을 의심의 여지없이 목격한 사람들처럼 담대한 확신을 갖고 '살아 계신 그리스도'를 선포하라고 보냄을 받았다.

복음 전파는 그리스도께서 우리를 위해 죽으셨다가 다시 사셨다는 것을 공식적으로 선포하는 것이며, 그분을 믿고 또 최종적이고 완전한 헌신을 통해 그분과 운명을 같이 하는 사람들이 영원한 구원을 얻게 된다고 선언하는 것이다.

이런 사람들은 자기가 인기 없는 사람이 되어 예수님과 똑같은 모습으로 세상 앞에 서게 될 것을 각오하고, 즉 많은 이들에게 존경받고 소수에게 사랑받다가 결국 대다수에게 버림받게 될 것을 각오하고 믿음의 길을 가야 한다. 이런 대가를 치를 준비가 되어 있지 않은 사람들은 차라리 자기의 길을 가는 것이 더 좋을 것이다. 그리스도께서는 이런 사람들에게 더 이상 하실 말씀이 없으시다.

세상에 경종을 울려라

세상을 향해 던지는 그리스도인의 메시지는 또한 죄와 의와 심판에 관한 메시지가 되어야 한다. 그리스도인은 세상의 윤리 체계를 조금도 받아들여서는 안 될 뿐만 아니라 오히려 담대히 일어나 그것에 반대해야 하고, 그것을 따를 때 생길 수 있는 결과들에 대해 경고해야 한다. 경고의 음성을 크고 지속적으로 울려야 하며, 동시에 그 자신이 스스로를 살피며 조심스럽게 살아가야 한다. 그의 생활에서 흠이 발견된다면 그의 증거가 거짓이 되어버릴 것이기 때문이다.

세상을 위한 그리스도인의 메시지에 대해 한 가지를 더 언급하자면, 그의 성실한 경고를 들 수 있다. 이것은 의롭고 거룩하신 하나님께서 인간을 가볍게 여기지 않으실 뿐만 아니라, 인간에게 가볍게 여김 당하시는 것을 용납하지도 않으신다는 경고의 메시지이다. 그분은 오래 참으시며 인자를 베푸시지만, 어느 정도 시간이 흐른 후에는 우호적인 복음의 초대를 거두어들이신다. 구제불능의 죄인을 설득하려는 노력은 중단되고, 자기의 죄를 사랑했던 사람의 운명은 죽음을 통해 영원히 결정되며, 그는 더 이상 소망이 없는 곳, 즉 '버림받은 자들의 장소'로 보내진다. 그곳은 바로 지옥이다. 우리가 지옥에 대해 아는 것은 지극히 적겠지만, 우리가 아는 것만으로 판단해도 그곳은 너무나 무서운 곳이다.

하나님이 그분의 자녀들에게 들려주실 말씀은 훨씬 더 많다. 그 말씀을 다 들으려면 평생 열심히 귀를 기울여야 할 정도이다. 하지만 세상에게 던지는 그분의 메시지는 짧고 간단하다. 그것을 듣는 자들이 거부하든지 아니면 받아들일 때까지 각각의 세대에게 계속 반복해서 그것을 들려주는 것이 교회의 사명이다.

그리스도인은 유행하는 종교적 경향들의 덫에 걸려들지 않도록 조심해야 하며, 무엇보다도 설교거리를 구하기 위해 세상으로 나가서는 안 된다. 그는 땅에서 증거의 일을 감당하라고 보냄을 받은 하늘의 사람이다. 그를 속량하신 주님 앞에서 장차 꼼꼼히 계산하며 해명해야 할 사람이므로, 자기의 사명에 철저해야 한다.

CHAPTER 32

선함과 위대함

안개가 다 걷히고 모든 것이 올바른 빛 가운데 드러날 때 명확히 밝혀질 한 가지 진리가 있는데, 그것은 '선함'과 '위대함'이 동의어(同義語)라는 것이다. 이 두 개가 도덕의 세계에서 동의어가 아니라고 보는 논리를 나는 도저히 이해할 수 없다.

그런데 이 진리가 분명히 밝혀질 그날이 오기 전에는 선함이라는 가치와 위대함이라는 가치가 동일하지 않고 오히려 서로 분리될 수 있으며, 심지어 때로는 서로 충돌할 수도 있다.

우리 인간의 잠정적인 기준에 따라 분류를 하자면, 인류는 다음의 네 부류로 나뉠 수 있을 것이다. 위대하지만 선하지 않은 자들, 선하지만 위대하지 않은 자들, 위대하고 선한 자들, 선하지도 않고 위대하지도 않은 자들. 성경을 보면 이 네 부류의 사람들이 분명히 드러나는 것을 보게 된다.

네 부류의 사람들

위대하며 선한 사람들 중에는 아브라함이 있다. 여기서 내가 말하는 '선함'이라는 것은 개인의 도덕적 이해의 틀 안에서 나타나는 도덕적 건전성이다. 아브라함이 기독교적 기준으로 볼 때 완전한 사람은 아니었지만, 그의 도덕적 인격은 작은 산봉우리들 위로 우뚝 선 큰 산봉우리처럼 그 시대 사람들 위에 우뚝 섰다.

아브라함의 위대성에 대해 여기서 굳이 변론할 필요는 없을 것이다. 그는 큰 사람이었고, 가장 중요한 영역, 즉 종교의 영역에서 거인이었다. 그가 믿는 자들의 조상이며 이스라엘 민족의 시조라는 것은 이미 오래 전에 입증된 사실이다.

위대하지만 선하지 않은 사람을 세상의 역사에서 찾는 것은 어렵지 않다. 비교적 현대에 가까운 인물들 중에서 고르라면, 나폴레옹과 히틀러와 스탈린이 즉시 머리에 떠오른다. 이 세 사람을 위대한 사람으로 보는 것이 아무리 내키지 않는다 할지라도 우리는 그것을 인정해야 한다. 제국을 건설하거나 세계 역사의 흐름을 근본적으로 바꾸어놓거나 인류의 거의 3분의 1을 철권으로 통치한 사람이라면, 그의 개인적 인격이 어떻든 간에 위대한 사람, 심지어 천재라고 불려야 할 것이다. 이 세 사람이 이런 일을 한 것은 사실이다. 이들은 위대하지만 선하지 않은 자들이다.

그 다음에 생각해보아야 할 것이 선하지만 위대하지 않은 자들이다. 우리는 이런 사람들이 많은 것에 대해 하나님께 감사해야 할 것이다. 그들이 위대한 일을 하지 못한 것에 대해 감사하는 것이 아니라, 그들이 하나님의 은혜로 평범하고 선하게 살아가는 것에 대해 감사하는 것이다.

성경의 도처에서 발견되는 이런 사람들의 삶의 모습은 매우 조용하지만, 그들의 삶 속에는 소박한 즐거움과 아름다운 다정함이 있다. 이런 사람들 중에는 이삭이 있다. 그는 위대한 아버지의 아들이었고 동시에 위대한 아들의 아버지였다. 그러나 그 자신은 평범한 수준에 머물렀다. 또 다른 사람을 꼽으라면 다윗 왕의 조상 보아스, 마리아의 남편 요셉 그리고 위로의 아들로 불렸던 바나바를 들 수 있다.

모든 목회자는 이런 부류의 사람들을 알고 있다. 이들은 특별히 내세울 것 없는 평범한 사람들이지만 주님께 깊이 헌신하고, 자기도 의식하지 못하는 중에 성령의 열매의 향기를 풍긴다. 만일 이런 사람들이 없다면, 현재 우리가 도시나 시골에서 볼 수 있는 그런 교회들은 더 이상 존속할 수 없을 것이다. 이들은 교회에서 해야 할 일이 있을 때 가장 먼저 나서고, 기도해야 할 상황이 생기면 가장 늦게 집으로 가는 사람들이다.

이들은 자신의 신앙을 극적으로 표현할 경우도 없고, 뉴스거리가 될 만큼 특출하게 선하지도 않기 때문에 그들의 교구 밖으로는 이름이 알려지지 않지만, 어디를 가든 유익을 끼친다. 육신적 사람들의 감탄을 자아낼 만한 위대함은 없지만 성령충만함으로 선하게 사는 것에 만족하면서, 그들의 진정한 가치가 드러날 날을 믿음으로 기다린다. 그들이 죽어서 남기는 그리스도의 향기는 당장의 인기를 누리는 저속한 유명인들의 이름이 망각된 후에도 아주 오랫동안 은은히 퍼져나간다.

네 번째 부류는 위대하지도 않고 선하지도 않은 자들인데 대다수의 사람이 여기에 속한다. 이런 사람의 예를 성경에서 찾자면 이스라엘 왕 아합을 들 수 있다. 그에게는 위대함의 외형적 표시가 있었다. 왕이었기 때문이다. 그러나 그는 '마땅히 되어야 했던 인간'이 되지 못하고 결국 '성경에 기록된 대로의 그런 인간'으로 끝나고 말았다. 이는 그가 구차하고 경멸스런 인격의 소유자였음을 말해준다. 왕의 옷을 입었지만, 그 안에서 뛰는 것은 심약한 그의 심장이었다. 툭하면 훌쩍이고 부루퉁한 이 사람은 그를 부패시키고 그의 나라를 망친 강하면서도 사악한 아내의 비겁한 도구에 불과했다. 호감을 줄 만한 덕목이 하나도 없는 사람이었다. 요컨대, 선하지도 위대하지도 않았다.

모든 사람을 향한 부르심

선하면서도 위대한 사람들과 완전히 반대되는 사람들, 즉 선하지도 않고 위대하지도 않은 사람들의 수는 헤아릴 수 없이 많다. 토마스 그레이(1716-1771. 영국의 시인)는 그의 탁월한 통찰을 보여주는 〈만가〉(Elegy)에서 세상의 주목을 받지 못했던 사람들에 대해 다음과 같이 묘사했다.

미친 듯한 군중의 비열한 다툼에서
멀찌감치 떨어져 있던 그들은
정도(正道)에서 벗어나는 황당한 욕심을 품지 않았고
시원한 외진 생명의 골짜기를 지난 후
늘 조용한 인생행로를 견지했다

이 시에 담긴 생각이 아름다운 것은 사실이지만, 이 시는 현실이 아닌 이상을 노래한다. 이 시를 보면 부드러운 감성이 되살아난 사람이 숨겨진 보물만큼 순수하고 눈에 잘 띄지 않는 꽃처럼 향기로운 삶을 남몰래 살아가는 모습을 머릿속에 그려 볼 수는 있을 것이다. 하지만 인간의 엄연한 현실은 이런 아름다운 모습과는 정반대이다. 대중은 위대하지 않다. 그런데 위대하지 않다는 것이 선하다는 것을 증명해주지는 않는다. 사실, 대중은 거의 예외 없이 이기적이고 음란하며 자기중심적이고 완고하며 허영심 많고 두려워한다.

이런 내 얘기가 같은 인류에 대해 너무 가혹하게 말하는 것처럼 들리는가? 그렇다면 나의 이런 얘기가 깊은 통찰에서 나오는 독창적인 것이라고 주장할 마음이 내게 조금도 없다는 것을 제발 알아 달라. 오히려 나는 독자들에게 성령의 감동으로 기록된 사도의 글을 읽어보라고 권하고 싶다. 로마서 3장 9-19절과 에베소서 2장 1-3절에 나오는 사도 바울의 말을 읽어보라.

이제 결론은 분명해졌다. 모든 사람이 위대하게 될 수는 없지만, 모든 사람은 어린양의 보혈과 성령의 능력으로 선한 존재가 되라는 부름을 받고 있다.

33 CHAPTER

용기와 절제

 죄는 우리를 아주 완전히 망쳐버렸고, 그 회복의 과정은 오랜 시간에 걸쳐 느리게 진행되고 있다. 신자 개인의 삶에서 진행되는 은혜의 일하심이 그렇게 쉽게 우리의 눈에 띄지는 않겠지만, 그럼에도 불구하고 하나님은 인간의 타락한 마음 안에 그분의 형상을 다시 이루어주기 위해 아주 많이 수고하신다.

 그분의 이런 수고를 가장 분명히 느끼게 해주는 경우는 삶 속에서 정신적 균형을 이루는 것이 얼마나 어려운지를 느낄 때이다. 그리스도를 닮지 않은 요소들을 제거하고 온전히 균형을 맞춘 상태에서 그리스도인의 덕(德)을 나타내는 일은 가장 신앙이 깊다고 여겨지는 사람들조차 이루기 어려웠기에 수많은 신자들이 마음에 상처를 받았다.

용기와 절제의 균형을 보이신 예수님

나는 이 장에서 용기와 절제라는 두 가지 덕에 대해 생각해 보려고 한다. 이 둘이 완벽히 균형을 이루면 균형 잡힌 생활이 가능해지는데, 특히 하나님 나라의 확장에 기여하는 삶을 살 수 있게 된다. 하지만 둘 중 하나가 없거나 있어도 아주 조금밖에 없다면 균형은 깨지고 삶의 에너지는 낭비된다.

일반적으로 말해서, 진심이 담긴 글은 자세히 살펴보면 거의 전부 저자 자신의 이야기가 들어 있다. 나는 이 장에 자전적(自傳的) 의미가 있다는 걸 솔직히 인정하고 싶다. 내 이야기를 아무리 숨기려 한다 해도 기민한 독자는 결국 알아챌 것이기 때문이다. 자신이 체험한 것은 자신이 가장 잘 아는 법이다. 나의 글도 예외는 아니다.

나는 이제까지 겁쟁이라고 불린 적이 거의 없다. 나를 아주 싫어하는 사람들조차 나를 겁쟁이라고 부른 적이 거의 없을 정도이다. 하지만 나는 절제에 실패함으로 때로 가장 친구들의 마음을 슬프게 하기도 했다. 극단적 기질을 제어하는 것은 원래 쉽지 않으며, 주님의 일을 이루기 위해 엄격하고 극단적인 방법들을 사용하고 싶은 유혹을 이기는 것도 쉽지 않다. 더욱이 목회자를 논리적으로 궁지에 몰아넣어 그의 말을 취소하게 만드는 것이 거의 불가능하다는 일반적 인식이 있기 때문에 이런 유혹은 더 커진다.

하나님의 사람, 즉 목회자에게 일종의 면책을 허용하는 분위기가 일반적으로 있기 때문에 보아너게(막 3:17) 같은 성격의 소유자는 황당하고 무책임한 말까지 하게 된다. 그가 이런 말을 하지 않으려면 그의 성격을 확실히 사랑의 성령의 지배 아래 두기 위한 방법들을 사용해야 할 것이다. 사실 나는 때로 그렇게 하지 못했고, 그럴 때마다 나 자신이 매우 슬펐다.

여기에서도 하나님의 방법과 인간의 방법의 차이가 보인다. 고통스런 체험을 통해 얻게 되는 지혜가 없을 때, 우리는 직접적인 공격을 통해 적지를 점령하고 싸움에서 이겨 목표를 이루려는 경향을 보인다. 삼손 같은 사람이 그렇게 했다. 이 방법은 효과를 보았지만, 한 가지 깊은 사실을 예리하게 보지 못했다. 그것은 이 방법이 패배자뿐만 아니라 승리자도 죽인다는 것이다. 이럴 때는 측면공격이 지혜로운 것이지만, 경솔한 사람은 이런 지혜를 받아들이지 않는다.

성경은 그리스도에 대해 이렇게 말한다.

"그는 외치지 아니하며 목소리를 높이지 아니하며 그 소리를 거리에 들리게 하지 아니하며 상한 갈대를 꺾지 아니하며 꺼져 가는 등불을 끄지 아니하고 진실로 정의를 시행할 것이며"(사 42:2,3).

그분은 과도한 물리적 힘의 행사 없이, 강포함이 전혀 없이 그분의 큰 계획들을 이루셨다. 그분의 삶 전체에서 절제라는 특징이 나타났으면서도, 그분은 모든 사람들 중에서 가장 담대하셨다. 어떤 바리새인들이 그분께 나아와서 "나가서 여기를 떠나소서 헤롯이 당신을 죽이고자 하나이다"(눅 13:31)라고 말했을 때, 그분은 "너희는 가서 저 여우에게 이르되 오늘과 내일은 내가 귀신을 쫓아내며 병을 고치다가 제삼일에는 완전하여지리라 하라"(눅 13:32)라고 대답하셨다. 완벽한 용기를 보여주신 것이다. 하지만 이것은 유치한 반항이나 경멸의 표시가 아니었고, 도를 넘는 지나친 언행도 아니었다. 그분은 절제된 용기를 보여주신 것이다.

조화의 실패가 갉아먹은 교회

용기와 절제를 조화시키지 못해 교회 안에서 악한 일이 일어난 경우들도 여러 해 동안 있었다. 특히 교회 지도자들이 이런 조화에 실패했을 때에는 그 피해가 더욱 컸다. 용기가 없는 것은 큰 결점인데, 용기가 없어 교리나 생활에서 타협하는 것은 진짜 죄이다. 원수가 성전에서 거룩한 그릇들을 훔쳐가려고 하는 상황에서 화평이라는 명분으로 수수방관하는 것은 참된 하나님의 사람이 할 일이 아니다. 거룩한 일들을 절제라는 명분으로 포기하는 것이나 하늘나라를 위해 싸워야 할 상황에서 싸우지 않는 것은 분명히 덕이 아니다.

반면, 강포한 것도 하나님의 영광에 전혀 도움이 안 되었다.

어떤 일들을 이루려면 그것에 적합한 옳은 방법이 있기 마련인데, 강포한 것은 옳은 방법이 아니다. 그리스에는 "절제가 최고이다"라는 유명한 속담이 있었다. 미국의 농부들이 흔히 사용하는 속담 중에도 "서두르지 말고 조심하며 차분히 하라"라는 말이 있는데, 이 말에는 지극히 깊은 뜻이 담겨 있다.

하나님께서는 용기와 절제 사이의 균형을 맞추지 못한 사람들을 사용하셨고, 또 앞으로도 틀림없이 그렇게 하실 것이다. 엘리야가 담대한 사람이었다는 것은 누구도 의심하지 않을 것이다. 하지만 그가 인내심과 절제를 보여준 사람이었다고 말할 만큼 경솔한 사람은 아무도 없을 것이다. 엘리야는 비판과 도전을 통해 그의 일을 이루어냈고, 필요하다고 생각했을 때에는 조롱과 독설도 서슴지 않았다. 그러나 적을 무찌른 후에는 나선(螺線)을 그리며 추락해 절망의 구렁텅이로 떨어졌다. 이것은 절제 없이 용기만 있는 극단적 성격의 소유자가 보여주는 전형적인 행동 스타일이다.

반면, 엘리 제사장은 절제를 잘 보여준 사람이다. 그는 자기의 가족에게까지 "아니오"(No)라고 말할 수 없는 사람이었다. 그러나 나약한 평안을 사랑했던 그의 소심함 때문에 치러야 했던 대가는 아주 가혹한 비극이었다. 엘리야와 엘리는 모두 선한 사람이었지만 균형을 잡고 조화를 이루지 못했다. 이 두 사람 중 불같은 성격의 엘리야가 더 위대한 사람이었던 것은 분명하다. 만일 엘리가 엘리야와 같은 입장에 있었다면 어떻게 되었을까 하는 것을 생각하면 소름이 끼친다. 만일 엘리야가 홉니와 비느하스의 아버지였다면 나는 홉니와 비느하스를 불쌍히 여겼을 것이다.

주님에게서 균형을 배운 사람들

서로 상반되는 이 두 사람을 얘기하다 보니 이제 자연스럽게 사도 바울에 대해 생각하지 않을 수 없다. 우리는 사도 바울의 진가를 충분히 인식해야 한다. 거의 완벽한 용기, 잘 인내하는 성격, 그리고 정말 하나님을 닮은 관용의 마음이 그에게 있었던 것 같다.

하지만 회심 전에 그가 어떤 사람이었는지를 말해주는 간단한 기록을 보면, 하나님의 은혜가 없었을 경우 그가 어떤 사람으로 계속 살았을 것인지를 능히 짐작하게 된다. 스데반을 돌로 쳐 죽이는 일에 일조(一助)한 후 그는 "주의 제자들에 대하여 여전히 위협과 살기가 등등하여"(행 9:1) 그리스도인 박해에 나섰다. 심지어 회심한 후에도 마음속에서 일어나는 강렬한 감정에 따라 일종의 즉결심판을 내렸다. 그가 "밤빌리아에서 자기들을 떠나 함께 일하러 가지 아니한 자를 데리고 가는 것이 옳지 않다"(행 15:38) 하면서 마가를 단호히 거부한 사건은 그가 더 이상 신뢰하지 않는 사람을 얼마나 매정하게 대했는지를 보여준다. 그러나 세월이 흐르며 고난을 받고 '오래 참아 주시는 구주'를 더욱 깊이 알게 되면서 이 하나님의 사람의 단점이 고쳐졌던 것으로 보인다. 그는 말년에 관용과 자비의 향기를 풍겼고, 사랑의 아름다움을 보여주었다.

겁쟁이가 그의 소심함을 고친 경우에 대한 기록이 성경에 전혀 나오지 않는다는 것은 의미심장하다. 심약한 사람이 용기의 사람으로 성장한 경우가 없었다는 뜻이다. 베드로가 예외였다는 주장이 때때로 제기되기도 하지만, 오순절 성령강림 이전이든 이후든 간에 그가 소심한 사람이었음을 말해주는 기록은 전혀 없다. 그가 용기와 심약함의 경계선을 밟은 적이 한두 번 있었던 것은 사실이지만, 대부분의 경우 그는 그의 대담함 때문에 곤경에 처할 정도로 격정적인 사람이었다.

용기 있는 사람이 이 시대의 교회에 필요하다는 것은 너무 명백하기 때문에 다시 얘기할 필요조차 없을 정도이다. 두려움이 마치 '모종(某種)의 오래 된 저주'처럼 교회 위에 내려덮이고 있다. 먹고 사는 것에 대한 두려움, 직업과 관련된 두려움, 인기를 잃어버리지 않을까 하는 두려움, 인간 관계에서 느끼는 두려움, 이런 두려움들이 오늘날 교회의 이런저런 자리에서 지도자의 위치에 있는 사람들을 마치 망령처럼 따라다닌다. 이들 중 다수는 용기 있다는 평판을 얻기는 하지만 그 방법이 문제가 된다. 그들은 우스꽝스런 용기를 보여주면서 '위험부담이 없고 결과를 쉽게 예측할 수 있는 것들'을 반복함으로써 그런 평판을 얻는다!

이런 이들에게서 나타나는 '속이 빤히 들여다보이는 얄팍한 용기'로는 문제가 해결되지 않는다. 자기 생각을 무조건 직설적으로 얘기하는 습관을 길러봤자 남들에게 귀찮은 존재가 되고 그 과정에서 큰 해를 끼치기 십상이다.

내가 볼 때, 이상적인 것은 자신의 용기를 의식하지 않으면서도 조용히 용기를 갖는 것이다. 이런 용기는 내주하시는 성령에게서 매 순간 힘을 얻으며, 자아를 거의 의식하지 않는다. 이런 용기는 인내심을 발휘할 것이며, 양쪽 극단에 빠지지 않고, 적절히 균형을 잡을 것이다. 하나님께서 이런 용기의 세례를 우리에게 부어주시기를 바란다.

CHAPTER 34

우리는 우리가 사랑하는 것을 닮아간다

"현재의 나와 다른 존재가 되기 위해서는 현재의 나를 포기해야 한다."

크리소스톰의 말이다. 우리 모두는 변화의 과정 속에 있다. 이미 우리는 과거의 우리로부터 현재의 우리에게로 왔고, 다시 미래의 우리를 향해 가고 있다.

우리의 존재가 고체가 아니라 유동체라는 사실이 우리의 마음을 불안하게 만들 이유는 없다. 자기 자신을 잘 아는 사람은 자기가 현재 상태에 고정되어 있지 않다는 것을 알 때 오히려 크게 위로를 받는다. 부끄러운 '이제까지의 자신'에서 벗어나 마음의 소원에 더 부합하는 존재로 다시 태어날 수 있다는 깨달음은 우리를 크게 안심시켜준다.

무엇을 향해 움직이는가

우리를 불안하게 하는 것은 우리가 변하고 있다는 사실이 아니라 우리가 어떤 존재로 변하고 있는가 하는 문제이다. 우리를 동요하게 하는 것은 우리가 움직이고 있다는 깨달음이 아니라, 우리가 무엇을 향해 움직이고 있는가에 대한 의구심이다. 이렇게 될 수밖에 없는 것은 인간이란 존재가 본래 수평적으로 움직이지 않는다는 사실 때문이다. 인간은 올라가지 않으면 내려간다. 상승하거나 아니면 하강한다. 도덕적 존재가 어떤 한 위치에서 다른 위치로 이동할 경우, 더 나빠지거나 아니면 더 좋아지는 것은 필연적인 것이다. 이것은 다음과 같은 요한계시록의 말씀에 나오는 영적 원리에서도 확인된다.

"불의를 행하는 자는 그대로 불의를 행하고 더러운 자는 그대로 더럽고 의로운 자는 그대로 의를 행하고 거룩한 자는 그대로 거룩하게 하라"(계 22:11).

그런데 우리 모두는 변화의 과정에 있을 뿐만 아니라, 우리가 사랑하는 것을 닮아가고 있다. 우리의 존재의 상당 부분은 '우리가 사랑하는 것들의 총합(總合)'이라고 말해도 과언은 아니다. 우리가 가장 사랑하는 것의 형상으로 성장해 갈 수밖에 없는 것이 도덕적 필연성이다. 무엇보다도 사랑은 '서로 닮게 만드는 창조적 힘'을 발휘할 뿐만 아니라, 틀을 만들고 모양을 형성하고 변형시키기 때문이다. 인간의 본성에 영향을 끼치는 가장 강력한 힘은 우리의 영혼 안에서 일하시는 성령의 직접적인 행하심이지만, 그 다음은 사랑이다.

그러므로 우리의 사랑의 대상이 무엇이냐 하는 문제는 가볍게 보아 넘길 수 있는 작은 문제가 아니라, 결정적으로 중요하다. 이는 현재적으로도 중요하고 영원히 중요한 문제이며, 우리의 미래를 엿보게 해주는 것이다. 즉, 우리가 앞으로 어떤 존재가 될지를 말해주고, 결국 우리의 영원한 운명도 정확히 예측하게 해준다.

잘못된 대상들을 사랑하는 것은 영적 성장에 치명타를 입힌다. 영적 생명을 왜곡하고 기형으로 만들고, 그리스도의 형상이 우리의 영혼 안에 나타나는 것을 불가능하게 한다. 올바른 대상들을 사랑할 때에만 우리가 올바른 존재가 된다. 그것들을 계속 사랑할 때에만 우리의 정화된 애정의 대상들을 향해 천천히 그러면서도 지속적으로 변하게 된다.

이 사실은 가장 큰 첫째 계명, 즉 "네 마음을 다하고 목숨을 다하고 뜻을 다하여 주 너의 하나님을 사랑하라"(마 22:37)라는 계명이 왜 우리에게 주어졌는지를 설명해준다(물론, 이 설명은 왜 이 계명이 필요한지에 대한 부분적 설명에 지나지 않는다).

하나님을 닮는 것이 모든 도덕적 피조물들의 최고의 목표이며, 또 마땅히 목표가 되어야 한다. 그들의 창조 목적은 그분을 닮는 것이다. 이 목적을 떠나서는 그들의 존재의미가 없다.

성경에서 암시되어 있지만 우리가 거의 아는 바 없는 '저 기이하고 아름다운 천상의 존재들'은 일단 제쳐두고, 우선은 인류라는 타락한 집단에 대해 생각해보자.

하나님의 형상으로 창조되었음에도 불구하고 우리는 우리의 최초의 신분에 충실하지 않았고, 마땅히 있어야 할 자리에 있지 않았으며, 사탄과 어울렸고, 이 세상 풍조를 따랐고, 공중의 권세 잡은 자, 즉 지금 불순종의 아들들 가운데서 역사하는 영을 따랐다. 그러나 긍휼이 풍성하신 하나님이 우리가 이미 죄 가운데 죽어 있을 때 우리를 사랑하신 그 큰 사랑으로 인해 우리를 위해 속죄를 이루셨다.

그리스도의 속량의 최고 목적은 우리를 지옥에서 구원하는 것이 아니라 우리 안에 하나님의 형상을 회복하는 것이다. 이 지고의 목적에 대해 로마서 8장은 "하나님이 미리 아신 자들을 또한 그 아들의 형상을 본받게 하기 위하여 미리 정하셨으니"(롬 8:29)라고 설명한다.

하나님의 형상의 회복이 그리스도의 재림의 날에 완성될 것이지만, 그 회복의 과정은 지금도 진행되고 있다. 비금속(卑金屬) 같은 인간 본성이 금 같은 하나님의 형상으로 변하는 과정은 천천히 그러나 꾸준히 진행된다. 이 진행을 가능하게 하는 것은 예수 그리스도의 얼굴에 있는 하나님의 영광을 믿음의 눈으로 계속 바라보는 것이다(고후 3:18).

사랑에 대한 오해

이제 우리는 한 가지 문제점을 예상하고 그것을 미리 제거해야 한다. 그것은 사랑에 대한 잘못된 관념 때문에 생기는 문제점이다. 사랑에 대해 오해하는 사람들은 흔히 이렇게 말한다.

"사랑은 변덕스럽고 예측불가이고 우리의 통제력의 범위를 거의 완전히 벗어난다. 사랑은 저절로 확 타올라서 계속 타든지 아니면 죽어버린다. 그러니 우리가 어떻게 사랑을 통제할 수 있겠는가? 가치 있는 대상들을 사랑하는 것이 우리의 마음대로 되겠는가? 특히, 하나님을 우리의 사랑의 적절한 항구적 대상으로 삼아 그분께 사랑을 바치는 것이 억지로 되겠는가?"

만일 사랑이 예측불가이고 우리의 통제력의 범위를 벗어난다면, 이런 사람들의 질문에 대한 만족스런 대답은 찾을 수 없을 것이고 인간의 사랑의 미래는 암울할 것이다. 그러나 아주 확실한 진리가 있다. 그것은 영적 사랑이 변덕스럽고 무책임한 감정이 아니라는 사실인데, 바로 이 점에 대해 사람들이 오해하고 있다. 사랑은 의지(意志)의 종이기 때문에 의지가 명하는 곳으로 가야 하고, 의지가 명하는 대로 행해야 한다.

'사랑에 빠지다'(fall in love)라는 낭만적 단어는 우리가 큐피드(로마 신화에 나오는 사랑의 신)의 화살을 도저히 피할 수 없고 우리의 애정을 통제할 수도 없다는 선입견을 확산시켰다. 오늘날의 젊은이들은 오베론(셰익스피어의 〈한여름 밤의 꿈〉에 나오는 요정의 왕으로서 티타니아의 남편)과 티타니아 사이의 싸움에 등장하는 삼색제비꽃(이 꽃의 즙을 만들어 잠자는 사람의 눈꺼풀에 떨어뜨리면 그가 깨어나 처음 보는 사람을 사랑하게 된다는 내용이 셰익스피어의 〈한여름 밤의 꿈〉에 나온다)의 마술적 힘에 의해 사랑에 빠져 폭풍 같은 기쁨을 느끼고 싶어 한다. 그리고 우리는 무의식적으로 이런 사랑의 개념을 우리와 하나님 사이의 관계에까지 확장해 "하나님을 최고로 사랑하는 것이 어떻게 인간의 의지로 가능하겠느냐?"라고 묻는다.

이런 질문과 이와 연관된 모든 질문들에 대해 나는 하나님을 향한 우리의 사랑이 감정의 사랑이 아니라 의지의 사랑이라고 대답해주고 싶다. 사랑은 우리의 능력으로 선택할 수 있는 것이다. 만일 그렇지 않다면, 하나님은 그분을 사랑하라는 명령을 내리지 않으셨을 것이고, 그분을 사랑하지 않은 것에 대해 책임을 묻지도 않으실 것이다.

사랑은 책임이다

낭만적 사랑의 이상을 우리와 하나님 사이의 관계에 적용했기 때문에 우리 그리스도인의 삶이 아주 큰 해를 입었다. 우리가 그분과 '사랑에 빠져야' 한다는 개념은 수치스럽고 비성경적이고 그리스도인의 신분에 어울리지 않는 개념이며, 지극히 높으신 하나님께 영광을 돌리지 못한다. 갑작스럽게 찾아오는 강렬한 감정에 사로잡혀야 하나님을 사랑할 수 있게 되는 것이 아니다. 그분을 향한 사랑은 그분을 사랑하겠다고 굳게 결심하고 회개하며 삶을 고칠 때 생긴다. 그분이 우리의 마음의 중심 안으로 더욱 가까이 다가오실 때 그분에 대한 사랑이 우리 안에서 싹트고 점점 자라서 결국 마치 홍수처럼 우리를 완전히 덮을 것이다.

우리는 강렬한 감정이 우리를 사로잡기를 기다려서는 안 된다. 우리는 '느껴야 할' 책임이 있는 것이 아니라 '사랑해야 할' 책임이 있으며, 진정한 영적 사랑은 의지에서 시작된다. 우리의 마음이 아무리 굳어 있고 차가운 것처럼 보여도 우리는 하나님을 최고로 사랑하겠다고 결심해야 하고, 더 나아가 즐거운 마음으로 그분의 말씀에 철저히 순종해서 우리의 사랑을 증명해야 한다. 그렇게 하면 즐거운 감정들이 그 다음에 따라온다. 새가 노래하고 꽃이 핀다고 봄이 오는 것이 아니라, 봄이 오면 새가 노래하고 꽃이 핀다는 것을 기억하라.

사랑의 의지를 강조한 내 말을 혹시라도 잘못된 방향으로 해석할까봐 한 가지를 확실히 해두겠다. 나는 '의지력에 의한 구원'이라는 통속적 사상에 조금도 동조하지 않는다. '우리 안에 있는 잠재력'에 의지하거나 하나님의 능력 대신 소위 '창조적 사고'를 신뢰하는 온갖 형태의 유사 기독교에 근본적으로 동의하지 않는다. 종잇장처럼 얄팍한 이런 모든 종교 철학들은 하나같이 잘못된 전제 위에 서 있기 때문에 사상누각에 불과한데, 그 잘못된 전제라는 것은 인간 본성의 흐름을 거꾸로 흐르게 해서 폭포 위로 다시 끌어올릴 수 있다는 착각이다. 이런 일은 결코 일어날 수 있다. 그렇다! 구원은 오직 여호와께 속한 것이다(욘 2:9).

타락한 인간이 구원을 얻기 위해서는 하나님의 능력이 우리를 통째로 들어 올려 더 높은 단계로 올려놓아야 한다. 다시 말해서, 하나님의 생명이 거듭남의 신비를 통해 우리에게 주어져야 한다. 그래야 "우리가 다 수건을 벗은 얼굴로 거울을 보는 것같이 주의 영광을 보매 그와 같은 형상으로 변화하여 영광에서 영광에 이르니 곧 주의 영으로 말미암음이니라"(고후 3:18)라는 사도 바울의 말이 우리에게서 현실로 실현될 수 있다.

사랑하면 닮게 된다

나는 지금까지 내가 강조한 뜻을 독자가 충분히 이해했기를 바란다. 내 말의 뜻은 인간의 마음이 사랑의 대상을 닮는 쪽으로 형성되어 간다는 것이다. 지금 사람들은 그들이 좋아하는 것들에 의해 틀이 만들어지고, 그들이 애착을 갖는 것들에 의해 모양이 형성되고, 그들이 즐기는 것들의 홀리는 능력에 의해 심하게 변형되고 있다. 그 결과 아담의 혈통을 이어받은 거듭나지 못한 세상의 구석구석에서 날마다 비극적인 일들이 일어나고 있다.

핑크빛 뺨의 천진난만한 어린 소년이 어떻게 해서 네로 같은 폭군이나 히틀러(1900-1945. 히틀러에게 충성한 국가비밀경찰 장관) 같은 악인이 되었는지를 생각해보라. 개들조차 이세벨의 두골과 손을 먹기 거부한 사건은 정의(定義)가 마치 영화의 한 장면에서처럼 집행되었다는 느낌을 갖게 하지만, 그렇다고 이세벨이 평생 그토록 '저주 받은 여자'(왕하 9:34)였을까? 그렇지는 않다. 한때는 그 여자도 소녀다운 순수한 꿈을 꾸었을 것이고, 여자로서 누릴 수 있는 사랑을 생각하며 얼굴을 붉혔을 것이다. 그러나 이내 이세벨은 악한 것들에 흥미를 느끼고 그것들에 감탄하며 결국은 그것들을 사랑하게 되었다. 그러자 '사랑의 대상에 의해 변형된다'는 법칙이 작용했으며, 그녀는 토기장이의 손에 들린 진흙의 모양이 변하듯 결국 기형적이고 가증스런 존재로 변했고, 시종들의 손에 의해 창문 밖으로 던져졌다.

우리의 하늘 아버지께서는 우리의 감탄과 사랑을 받아 마땅한 도덕적 대상들을 그분의 자녀들에게 주셨다. 그분에게 있어서 이것들은 그분의 보좌를 둘러싼 무지개의 색깔들 같다. 이것들이 하나님은 아니지만 그분께 가장 가까이 있다. 우리가 이것들을 사랑하지 않으면 그분을 사랑할 수 없다. 반면, 이것들을 사랑하게 되면 그분을 더욱 사랑하게 된다. 그렇다면 이것들은 무엇인가?

하나님의 사람들이 사랑하는 것

그중 하나는 의(義)이다. 우리 주 예수님이 의를 사랑하고 불법을 미워하셨기 때문에 하나님은 그분께 즐거움의 기름을 부어 그분의 동류들보다 뛰어나게 하셨다(히 1:9). 이것은 우리가 본받아야 할 모범이다. 사랑한다는 것은 또한 미워한다는 것이다. 의에 가까이 가는 마음은 그것과 똑같은 정도로 불법에게서 멀어지게 되는데, 이렇게 멀어지는 것이 미움이다. 지극히 거룩한 사람은 의를 지극히 사랑하고 불법을 온전히 미워한다.

두 번째 것은 지혜이다. 우리가 그리스 사람들로부터 물려받아 사용하는 '철학'이라는 단어는 본래 '지혜의 사랑'이라는 뜻이다. 그러나 그리스 철학자들이 있기 전에 히브리 선지자들이 있었고, 선지자들의 지혜의 개념은 그리스인들이 알았던 그 어떤 것보다 더 고상했고 신령했다. 구약의 지혜문학, 즉 잠언과 전도서와 일부의 시편은 심지어 플라톤조차 몰랐던 '지혜의 사랑'으로 숨 쉬고 있다.

구약의 기자들이 지혜를 지극히 높이 평가하기 때문에 그들의 글을 읽는 우리는 '하나님으로부터 오는 지혜'와 '지혜이신 하나님'을 거의 구별할 수 없을 정도이다. 히브리인들은 그리스인들보다 몇 백 년 앞서 하나님을 본질적 지혜로 보았다. 물론 히브리인들의 지혜는 지적인 것보다는 도덕적인 것이었다. 그들이 볼 때 선한 사람, 즉 경건한 사람이 지혜로운 사람이었으며, 하나님을 사랑하고 그분의 계명을 지키는 것이 가장 고상한 단계에 이른 지혜였다.

히브리 사상가들은 지혜와 의를 분리하는 것을 용납하지 않았다. 구약외경에서 가장 위대한 두 권이라고 할 수 있는 〈솔로의 지혜〉와 〈집회서〉가 의와 조화를 이루는 지혜를 칭송할 때 사용한 문학적 수사(修辭)는 때때로 정경의 문학적 수사에 필적한다.

그리스도인의 사랑의 대상으로 확고히 자리 잡아야 할 또 다른 것은 진리이다. 여기서도 '하나님의 진리'와 '하나님 자신'을 구별하는 것은 쉽지 않다. 그리스도께서는 "내가 곧 … 진리요"(요 14:6)라고 말씀하심으로 진리와 하나님을 불가분리의 관계로 묶으셨다. 하나님을 사랑하는 것은 진리를 사랑하는 것이고, 진리를 변함없이 뜨겁게 사랑하는 것은 거짓과 오류에서 점점 멀어지며 진리의 형상을 닮아가는 것이다.

이제까지 언급한 몇 가지 이외에도 하나님께서 우리가 본받아야 할 것들로 인정하신 선하고 거룩한 것들이 또 있다. 하지만 그것들을 모두 언급하거나 언급하려고 시도할 필요는 없다. 이미 성경에 제시되어 있는 것들 중에는 자비, 친절, 정결, 겸손, 그리고 그 밖의 여러 가지가 있다. 성령께 가르침을 받는 사람들은 이런 것들에 대해 어떤 태도를 취해야 하는지를 알 것이다.

결론적으로 말해서, 나는 우리가 도덕적으로 아름다운 것들에 자꾸 관심을 갖고 그것들을 더욱 사랑해야 한다는 교훈을 독자에게 심어주고 싶다. 바로 이 교훈을 가르치기 위해 사도 바울이 빌립보의 그리스도인들에게 다음과 같이 말한 것이 아니겠는가?

"끝으로 형제들아 무엇에든지 참되며 무엇에든지 경건하며 무엇에든지 옳으며 무엇에든지 정결하며 무엇에든지 사랑 받을 만하며 무엇에든지 칭찬 받을 만하며 무슨 덕이 있든지 무슨 기림이 있든지 이것들을 생각하라"(빌 4:8).

들을 귀 있는 자는 들으라

초판 1쇄 발행　2017년 4월 24일

지은이　A. W. 토저
옮긴이　이용복

펴낸이　여진구
책임편집　이영주
편집　김아진, 안수경, 최현수
책임디자인　이혜영 | 마영애, 노지현
기획 · 홍보　김영하　　　　　　　　　해외저작권　기은혜
마케팅　김상순, 강성민, 허병용　　　　마케팅지원　최영배, 정나영
제작　조영석, 정도봉　　　　　　　　경영지원　김혜경, 김경희

이슬비전도학교　최경식, 전우순　　　　303비전성경암송학교　박정숙
303비전장학회 & 303비전꿈나무장학회　여운학

펴낸곳　규장

주소　06770 서울시 서초구 매헌로 16길 20(양재2동) 규장선교센터
전화　02)578-0003　　팩스　02)578-7332
이메일　kyujang0691@gmail.com　홈페이지　www.kyujang.com
트위터　twitter.com/_kyujang　페이스북　facebook.com/kyujangbook
등록일　1978.8.14. 제1-22

ⓒ한국어 판권은 규장에 있습니다.
이 출판물은 저작권법에 의해 보호를 받는 저작물이므로 무단 전재와 무단 복제를 할 수 없습니다.

책값　뒤표지에 있습니다.
ISBN 978-89-6097-490-6 03230

규 | 장 | 수 | 칙

1. 기도로 기획하고 기도로 제작한다.
2. 오직 그리스도의 성품을 사모하는 독자가 원하고 필요로 하는 책만을 출판한다.
3. 한 활자 한 문장에 온 정성을 쏟는다.
4. 성실과 정확을 생명으로 삼고 일한다.
5. 긍정적이며 적극적인 신앙과 신행일치에의 안내자의 사명을 다한다.
6. 충고와 조언을 항상 감사로 경청한다.
7. 지상목표는 문서선교에 있다.

하나님을 사랑하는 자 곧 그의 뜻대로 부르심을 입은 자들에게는 모든 것이 合力하여 善을 이루느니라(롬 8:28)

Member of the
Evangelical Christian
Publishers Association